50 EXERCICES DE SYSTÉMIQUE

Groupe Eyrolles
61, Bd Saint-Germain
75240 Paris Cedex 05
www.editions-eyrolles.com

ISBN : 978-2-212-56501-0

Virgile Stanislas Martin
Guillaume Poupard

50 EXERCICES DE SYSTÉMIQUE

EYROLLES

Virgile Stanislas Martin est hypnothérapeute, formateur et enseignant en PNL. Il est le créateur de la thérapie Brève Transpersonnelle® et préside la Société française d'hypnose conversationnelle et thérapeutique.

Guillaume Poupard (Ph. D) est psychologue, psychothérapeute et superviseur. Il est enseignant certifié en hypnose, PNL, et thérapie brève et s'est spécialisé dans les addictions, troubles dépressifs ou anxieux, et le « Modelage Sensoriel® ».

SOMMAIRE

INTRODUCTION

« Nul n'est une île. »

Thomas Merton, *Nul n'est une île*, 1956

Pour comprendre un individu ou un événement isolé, il faut nécessairement prendre en compte le contexte et le système (familial, social, économique...) dans lequel il évolue. L'approche systémique est une méthode d'analyse et de traitement de ces systèmes complexes. Elle met l'accent sur les interactions entre les individus et se focalise davantage sur la description des processus (*que se passe-t-il ?*) et des interactions que sur la recherche des causes (*pourquoi ?*).

Les exercices proposés dans cet ouvrage vous permettront d'explorer et d'expérimenter de nouvelles façons de percevoir et d'être en relation avec votre soi, les autres et le monde. Lorsque l'on se sent impuissant face à certaines situations, ou que l'on pense que l'on pourrait s'y prendre autrement mais que l'on ne sait pas encore comment, la systémique permet souvent d'activer les leviers efficaces pour opérer les changements nécessaires.

LA MEILLEURE FAÇON D'AVANCER, C'EST ENCORE LA NOOOTREUUH!

CHAPITRE 1
PROMENADE DE DÉCOUVERTE

« Le véritable voyage de découverte ne consiste pas à chercher de nouveaux paysages, mais à avoir de nouveaux yeux. »

Marcel Proust

L'être humain est un être relationnel, il n'existe que par et en lien avec les autres. À la naissance, le petit homme est incomplet, incapable de se débrouiller seul, à la différence de la plupart des animaux. Il ne va se construire que grâce aux autres, à travers l'éducation. Ensuite, devenu adulte, tout en affichant un désir d'indépendance, il devra avouer qu'il a besoin des autres pour vivre.

Par ailleurs, comme l'a démontré Paul Watzlawick[1] « on ne peut pas ne pas communiquer », ce qui signifie qu'à chaque fois que deux personnes ou plus sont ensemble, elles communiquent et donc s'influencent, consciemment et inconsciemment, de manière verbale et non verbale.

Cette partie introductive va servir « d'échauffement » dans la prise de conscience du caractère interactionnel (échange et influence réciproque) présent dans toute relation.

---

1 Voir Watzlawick, Paul, *Faites vous-même votre malheur*, Paris, Le Seuil, 1984.

★ Exercice 1 : L'agenda relationnel

« Le fardeau supporté en groupe est une plume. »

Proverbe maure

Les activités et tâches de notre quotidien, qu'elles soient uniques ou répétitives, sont sources de satisfaction ou d'insatisfaction, en fonction de leur fréquence, de l'intérêt qu'on leur porte ou de la surprise que l'on y trouve.

Prenez votre agenda et relevez vos activités familiales, professionnelles ou intimes.

❶ Notez dans chacune des boîtes ci-dessous les activités qui engendrent de l'ennui ou de la tension.

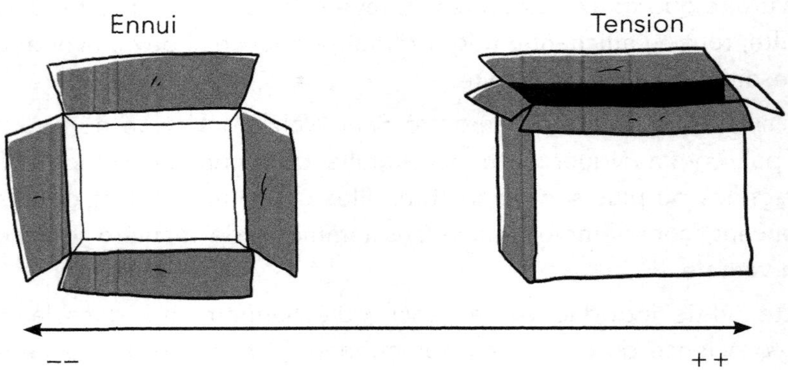

❷ Entre ces deux boîtes se trouvent maintenant l'ensemble des activités qui sont source de plaisir, d'intérêt, de joie, de surprise… Prenez quelques instants pour inscrire ces moments qui sont pour vous des occasions de vous ressourcer, de manière ponctuelle ou régulière.

Commentaire 

Nous classons nos expériences sur un continuum oscillant entre ennui (manque de stimulation cognitive, relationnelle, émotionnelle, comportementale, spirituelle) et tension. Entre les deux extrêmes de cette ligne se trouvent toutes les autres expériences satisfaisantes qui contribuent au sentiment de bonheur et de bien-être. Ces expériences le plus souvent relationnelles (partagées avec d'autres) peuvent parfois être vécues en solitaire ; les repérer pourra vous donner l'occasion de les retrouver, de les répéter afin de vous y ressourcer quand ce sera utile.

★ Exercice 2 : Le sens des relations

« La seule possibilité de donner un sens à son existence, c'est d'élever sa relation naturelle avec le monde à la hauteur d'une relation spirituelle. »

Albert Schweitzer

Les relations que nous entretenons avec certaines personnes (amis, famille, collègues, confrères, voisins…) nous aident dans la réalisation et l'aboutissement de nos projets car elles soutiennent nos valeurs et nos croyances.

Choisissez quatre personnes de votre entourage, puis répondez aux questions suivantes.

❶ Remplissez le tableau ci-dessous.

Nom et Prénom	Valeurs partagées	Croyances partagées
Ex. : Martine	Ex. : indépendance, liberté.	Ex. : tout s'arrange au final, tout arrive à qui sait attendre.

❷

Donc, ce qui est important pour moi (valeurs), c'est :

....

....

....

....

....

❸

Parce que je crois (croyance) que :

....

....

....

....

....

❶ Et tout cela pour pouvoir (finalité) :

....

....

....

....

....

❷ Et de façon plus large et plus grande pour (finalité plus grande) :

....

....

....

....

....

....

❸ Car je pense que ma mission sur Terre est de :

....

....

....

....

....

Commentaire

Réaliser les projets de vie qui nous tiennent à cœur suppose de s'appuyer sur les valeurs et les croyances qui nous fondent. L'énergie que l'on mettra dans cette construction dépendra en grande partie de notre capacité à nous connecter à un sens plus large (pour quelle finalité ?) qui, s'il nous concerne, nous dépasse aussi (c'est l'approche transpersonnelle). C'est à ce niveau que l'on peut parler de mission (quelle contribution vais-je apporter qui va bénéficier à d'autres humains ?).

★ Exercice 3 : La barque qui tangue

« Pourquoi se jeter à l'eau avant que la barque n'ait chaviré ? »

Proverbe chinois

On compare souvent une relation à une embarcation, comme en témoigne l'expression « on est tous sur le même bateau » – parfois nous parlons même de galère ! Que faire lorsque le bateau menace de chavirer ?

Lisez la consigne suivante, puis répondez à la question posée.

Imaginez que vous êtes avec une autre personne sur une petite barque, sur une rivière calme et claire. Tout d'un coup, la personne qui vous accompagne se penche de plus en plus d'un côté, commençant à déséquilibrer fortement l'embarcation…

Que faites-vous alors ?

....

....

....

....

....

....

....

Commentaire 

Savez-vous ce que ferait un systémicien dans la même situation ?

Il se pencherait du même côté que l'autre personne, mais un peu moins qu'elle, ce qui conduirait sûrement cette dernière à corriger d'elle-même son comportement et à ramener ainsi la situation vers un point d'équilibre et de sécurité. En systémie, nous parlons de comportement symétrique.

Votre solution ressemble-t-elle à celle proposée par le systémicien ?

Quelles sont certaines des situations professionnelles, familiales, sociales qui vous font penser à cette métaphore de la barque et dans lesquelles cette façon systémique de vous y prendre pourrait vous être utile ?

★ Exercice 4 : Que dirait votre chien s'il pouvait parler ?

« Il est parfois difficile de savoir qui, dans une famille, commande : le mari, la femme, la belle-mère ou la cuisinière. Mais le chien de la maison, lui, ne se trompe jamais. »

Marcel Pagnol

Nos animaux de compagnie sont les témoins – malgré eux – de nos réussites mais aussi de nos égarements. Si nous sommes parfois contents qu'ils ne puissent rien révéler, nous aurions fort à apprendre s'ils pouvaient parler depuis leur position d'observateur.

Prenez quelques instants pour réfléchir à la première question puis complétez le reste de l'exercice.

❶ Notez une question que vous vous posez au sujet de vous-même ou d'une relation familiale ou professionnelle. Formulez une question ouverte (qui invite à une réponse longue) plutôt qu'une question fermée (invitant à une réponse courte du genre « oui » ou « non »).

Exemple : Pourquoi ai-je du mal à communiquer avec mes enfants ?

....

....

....

....

....

....

....

....

❷ À supposer que vous ayez un chien et qu'il puisse parler, que répondrait-il ?

....

....

....

....

....

....

....

❸ À supposer que vous ayez un chien doué de parole et pourvu d'une grande sagesse, quel conseil vous donnerait-il pour gérer la situation au mieux ?

....

....

....

....

....

....

....

Commentaire

Lorsque nous sommes trop impliqués dans nos difficultés personnelles ou relationnelles, nous manquons de recul et d'objectivité. C'est pourquoi se dissocier de soi et prendre le point de vue imaginaire d'un tiers, même s'il s'agit d'un animal, offre une autre perspective et invite à de nouvelles compréhensions.

★ Exercice 5 : Le portrait chinois

« Quoi qu'on fasse, c'est toujours le portrait de l'artiste par lui-même que l'on fait. »

Jean Giono, *Noé*, 1947

Le « portrait chinois » est un jeu qui consiste à faire une description analogique de soi-même.

Complétez le tableau ci-dessous, puis répondez aux questions.

Si vous étiez...	Vous seriez...	Parce que...
Un animal		
Un élément (eau, terre, air, feu)		
Un livre		
Un monument		

Si vous étiez...	Vous seriez...	Parce que...
Un objet		
Un personnage célèbre		
Un proverbe		
Un sentiment		
Une couleur		
Une saison		

Questions subsidiaires :

Si vous étiez quelqu'un d'autre, vous seriez ?

....

Si vous étiez un jeu, vous seriez ?

....

Commentaire

Le portrait chinois est un jeu de dévoilement et de connaissance de soi qui peut être pratiqué seul ou à plusieurs. Vous pouvez par exemple noter les réponses vous concernant et les images qui vous viennent pour un proche, en lui demandant de faire de même, avant de comparer vos réponses. S'ensuit alors une discussion si, par exemple, vous vous percevez flexible comme un roseau alors qu'il vous trouve rigide comme un chêne...

Il n'y a pas de bonnes ni de mauvaises réponses, bien entendu, mais des pistes de réflexion.

★ Exercice 6 : Les événements biographiques

« Chaque biographie est une histoire universelle. »

Bernard Groethuysen, *Mythes et portraits*, 1997

Les événements de notre vie constituent autant de barreaux d'une échelle. Combien en avez-vous montés ?

Listez sur une feuille 12 événements qui vous sont arrivés et qui vous ont marqué.

❶ Placez ces événements sur le graphique ci-dessous en fonction de leur date et de leur niveau émotionnel (0 à 10).

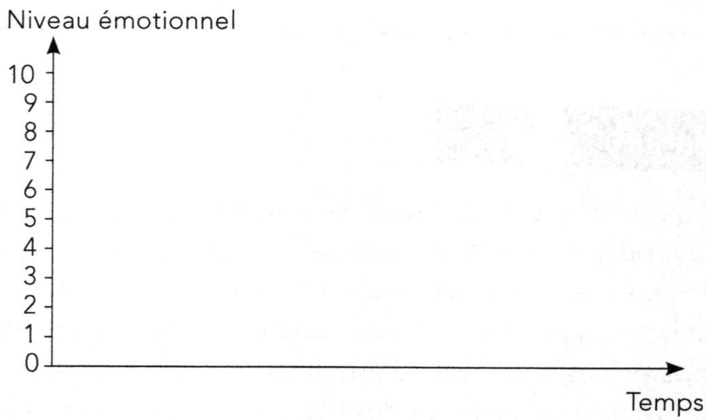

❷ Quels enseignements en tirez-vous ?

....

....

....

....

....

....

....

❸ Quelles forces et ressources avez-vous activées ?

....

....

....

....

....

....

Commentaire

Comme le dit Nietzsche « Ce qui ne nous tue pas, nous rend plus fort. » ou, pour le dire autrement, toute biographie révèle un processus de résilience (capacité de transformer ou sublimer une souffrance en une force). En effet, une vie réussie n'est pas une vie sans embûches mais une vie de persévérance : « Le succès c'est tomber sept fois, se relever huit », comme le dit un proverbe japonais.

Aussi, contemplez le nombre de fois où vous vous êtes relevé comme un indicateur de votre résilience plutôt que de rester focalisé sur le nombre de vos chutes. Puis félicitez-vous !

★ Exercice 7 : Les plaisirs à vivre

« Plaisir non partagé n'est plaisir qu'à moitié. »

Proverbe français

Il y a tant de plaisirs que nous vivons à chaque instant, parfois sans prendre le temps d'y porter notre attention.

Dégustez cet exercice comme un cadeau que vous vous offrez. Pour cela, installez-vous confortablement et remplissez le schéma suivant, puis répondez aux questions.

❶ Complétez le schéma ci-dessous en vous laissant guider par les idées qui viennent.

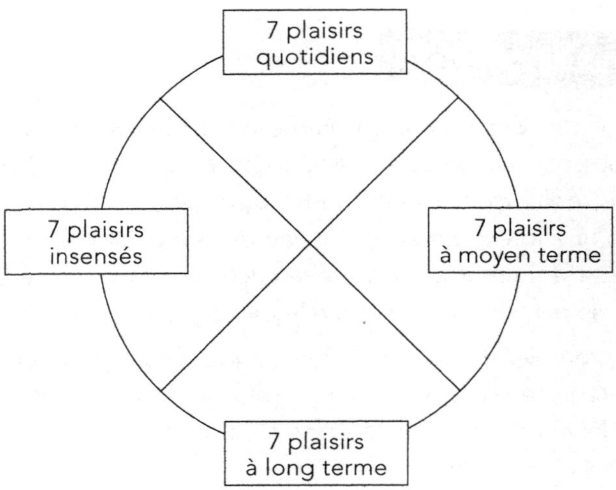

❷ Choisissez trois plaisirs à long terme et pour chacun décrivez le contexte, les modalités, les étapes, les inconvénients, les conditions favorables, le premier pas, les moyens nécessaires pour y accéder… et si cela en vaut la peine, la date pour les voir se réaliser !

....

....

....

....

....

....

❸ Choisissez un plaisir insensé, puis décrivez en détail ce que cela vous apporterait de le vivre et de ne plus uniquement le rêver.

....

....

....

....

....

....

❹ Qu'avez-vous appris sur vous et votre histoire en faisant cet exercice ?

....

....

....

....

....

....

Commentaire

Nous sommes sur Terre pour profiter de la vie et pas seulement pour travailler, payer des factures ou élever des enfants. Avoir des responsabilités n'est pas incompatible avec la recherche du bonheur.

Ce dernier résulte avant tout d'une aptitude mentale à profiter de ce que le présent nous offre. Cela ne nous empêche pas de « programmer » l'avenir en plantant des graines de bonheur aujourd'hui pour pouvoir le cueillir demain. En revanche, se focaliser sur le futur est un bon moyen de passer à côté du bonheur car celui-ci ne se conjugue qu'au présent.

Enfin, nous nous limitons souvent dans notre capacité à profiter de la vie, c'est pourquoi nous vous proposons ici de chercher à mettre en place des « plaisirs insensés ».

★ Exercice 8 : Le plus beau

« De beaux souvenirs, c'est peut-être ça le bonheur. »

Jean-Marie Poirier, *Le Prix du souvenir*, 1958

La vie n'est pas un long fleuve tranquille et le bonheur ne consiste pas à éviter les averses mais à être capable de danser sous la pluie. C'est pourquoi la liste des « plus beaux souvenirs » recèle quelques cailloux qui vous ont permis de grandir.

Complétez les phrases suivantes.

1. Mon plus beau souvenir :

....

2. Mon plus beau fou rire :

....

3. Mon plus gros coup de stress :

....

4. Mon plus bel anniversaire :

....

5. Mon plus beau cadeau :

....

6. Mon plus bel échec :

....

7. Mes plus belles vacances :

....

8. Ma plus belle gaffe :

....

9. Mon plus beau moment d'amour :

....

10. Mon plus beau voyage :

....

11. Ma plus belle rencontre :

....

12. Mon plus beau (à compléter)

....

Commentaire

Il se peut que votre liste évolue dans le temps, par exemple, un mariage reste le plus beau jour de votre vie jusqu'à… votre divorce, de même un licenciement est un moment tragique jusqu'au jour où vous créez votre entreprise et volez de vos propres ailes, etc.

La liste de vos plus beaux moments inclut d'autres personnes. Cela signifie que le bonheur réside dans l'interaction, comme diraient les systémiciens, ou dans le partage, comme diraient les bouddhistes.

★ Exercice 9 : Changer de point de vue

« Il faut plus de courage pour changer son point de vue que pour lui rester fidèle. »

Friedrich Hebbel

Selon la manière dont on regarde un verre il apparaîtra à moitié plein ou à moitié vide ; il en est de même si on le regarde avec les yeux d'un optimiste ou d'un pessimiste.

Choisissez une situation qui vous pose problème, puis observez-là de différents points de vue.

1. Notez la situation qui vous pose problème.

....

....

2. Observez-là du point de vue d'un Martien. Comment l'envisagerait-il ? Que proposerait-il ?

....

....

3. Observez-là du point de vue d'un enfant de sept ans. Comment l'envisagerait-il ? Que proposerait-il ?

....

....

❹ Observez-là du point de vue d'un mécanicien. Comment l'envisagerait-il ? Que proposerait-il ?

....

....

❺ Observez-là du point de vue d'un dessinateur. Comment l'envisagerait-il ? Que proposerait-il ?

....

....

❻ Observez-là du point de vue d'un paysan. Comment l'envisagerait-il ? Que proposerait-il ?

....

....

❼ Observez-là du point de vue d'un artiste. Comment l'envisagerait-il ? Que proposerait-il ?

....

....

❽ Observez-là du point de vue d'un ingénieur. Comment l'envisagerait-il ? Que proposerait-il ?

....

....

❾ Observez-là du point de vue d'un sage indien. Comment l'envisagerait-il ? Que proposerait-il ?

....

....

❿ Observez-là du point de vue d'une grand-mère. Comment l'envisagerait-elle ? Que proposerait-elle ?

....

....

Commentaire

Ce qui limite la résolution de nos problèmes c'est que nous les abordons avec le regard (= le cadre de référence) qui les a causés. Comme nous en avons une mauvaise compréhension, nous appliquons des solutions logiques mais inadaptées car fondées sur des prémisses erronées. Cela nous conduit à alimenter la solution hypothétique (« faire plus de la même chose ») dans l'espoir de la voir fonctionner, ce qui ne peut que la vouer à l'échec (« toujours plus du même résultat »).

La solution consiste donc à appréhender la situation problématique autrement, à changer de regard, afin de tenter quelque chose de différent.

Contacts
Jean-Louis
Louise
Max
Elsa
Albert
Max
(meilleur ami)
Elsa
(ami)
Jean-Louis
(Pro)
Louise
Collègue
Sympa !

CHAPITRE 2

EXPLORER SA RELATION AUX AUTRES

« On choisit pas ses parents, on choisit pas sa famille. On choisit pas non plus les trottoirs de Manille, de Paris ou d'Alger pour apprendre à marcher. »

Maxime Le Forestier, « Né quelque part »

Il est tentant de penser que notre bonheur nous échappe car nous sommes « victime » des circonstances ou des autres.

Les exercices que nous vous proposons dans cette section vous aideront à évaluer la qualité des relations que vous entretenez et vous donneront des pistes d'amélioration – voire de transformation.

Il ne s'agit pas de forcer les autres à changer mais de modifier la nature des interactions entre vous et votre environnement. Ainsi, plutôt que de vous efforcer de convaincre votre interlocuteur de changer sa façon de danser, vous aller apprendre à changer la musique, ce qui est souvent plus facile et plus efficace.

★ Exercice 10 : Le blason

« Le vrai blason de chacun, c'est son visage. »

Marcel Jouhandeau, *De l'abjection*, 1939

Construire un blason est un moyen d'identifier et de représenter ce dont nous avons hérité au cours de notre histoire, et ce qui fonde nos relations. Le blason peut être construit par rapport à la famille, au couple ou à soi-même.

Remplissez le tableau ci-dessous en inscrivant les noms et les mots qui correspondent le mieux à chaque rubrique.

<table>
<tr><td colspan="2">Blason
❑ de la famille ❑ du couple ❑ personnel</td></tr>
<tr><td colspan="2">Devise ou maxime
« »</td></tr>
<tr><td>Passé
Personnages et événements qui ont marqué l'histoire
❑
❑
❑
❑
❑
❑</td><td>Emblème
Dessin ou découpage</td></tr>
<tr><td>Présent
Alliances (qui aide ou soutient qui ?) :
Ressources :</td><td>Avenir
Missions (ce qui doit être accompli) :
Projets :</td></tr>
</table>

Commentaire 

Chacun porte – inconsciemment – le blason de sa famille d'origine (parents et ancêtres) et de sa famille choisie (couple, enfants), ainsi que celui de son entreprise le cas échéant. Il permet de développer un sentiment d'appartenance, de s'identifier à des valeurs, de partager une culture, de s'inscrire dans une histoire commune.

Certains blasons sont difficiles à porter, d'autres sont de véritables soutiens dans les moments difficiles. Heureusement, il est possible de modifier son blason si l'on a du mal à se reconnaître dans celui dont on a hérité. Il sera alors nécessaire d'ancrer son nouveau blason dans un rituel thérapeutique. Il est possible – et préférable – d'être accompagné par un thérapeute formé à cet outil pour effectuer ce travail.

★ Exercice 11 : La qualité de nos relations

« Juger autrui, c'est se juger. »

William Shakespeare

Il est important de vérifier ponctuellement la qualité de nos relations afin de procéder à certains ajustements nécessaires.

Sélectionnez trois personnes parmi vos relations (affectives, professionnelles, amicales…), puis remplissez le tableau suivant.

	Relation n° 1	Relation n° 2	Relation n° 3
Nom de la personne			
Qu'est-ce que cette relation vous apporte ?			
Qu'est-ce qui vous manque dans cette relation ?			
Que pouvez-vous faire pour être davantage nourri par cette relation et combler ce qui vous manque ?			

Commentaire

Cet exercice vous permet d'effectuer un état des lieux de vos relations. Certaines méritent des ajustements pour être plus nourrissantes ou plus égalitaires. D'autres nécessitent que l'on s'interroge sur la nécessité de les maintenir. En effet, outre les relations destructrices, perverses, manipulatrices, il en existe de superficielles et énergétivores. Mais avant de prendre une décision aussi radicale, demandez-vous ce que vous pouvez faire pour provoquer un sursaut qualitatif de la relation.

★ Exercice 12 : Ressentir ce que l'on adresse à l'autre

« L'amour est avant tout le don de soi-même. »

Jean Anouilh

Nous sommes généralement inconscients de l'impact réel que nous avons sur les autres, nous ne pouvons qu'extrapoler sur la base de nos intentions. Et si nous pouvions nous mettre à la place des autres ?

Imaginez un dialogue avec quelqu'un. Visualisez la personne en face de vous pendant que vous lui délivrez votre message ou lui offrez quelque chose. Puis mettez-vous mentalement à la place de votre interlocuteur et recevez ces paroles ou ce don.

1. À partir de la place de l'autre, comment vous percevez-vous (attitude, intention) ?

Exemple : je me perçois légèrement manipulateur, j'ai l'air d'en faire trop.

....

....

....

....

....

....

❷ Que ressentez-vous ?

Exemple : je n'ai pas confiance, je suis sur la défensive.

....

....

....

....

....

....

❸ En revenant à votre place, qu'allez-vous faire ?

Exemple : je vais formuler autrement mon message car mon objectif n'est pas de manipuler, je vais en faire moins.

....

....

....

....

....

....

Commentaire 

Lorsque vous parlez à quelqu'un ou lui offrez quelque chose, la réaction de votre interlocuteur peut parfois vous surprendre, ne pas être celle attendue, et ce, malgré vos intentions.

Nous mettre à la place de l'autre permet d'anticiper ses réactions et de corriger notre propre approche, notre comportement, en fonction de ses réactions.

★ Exercice 13 : Arrêter de vouloir plaire à tout le monde (en toutes circonstances)

« Ne vous occupez donc pas de votre famille ! On n'arrive jamais à la satisfaire. »

Jules Renard, *Journal*, 1887-1892

Lorsque l'on veut satisfaire les désirs des autres, on n'en finit pas de se perdre.

Répondez aux questions suivantes.

1. Quels seraient les risques de ne pas plaire à tout le monde en toutes circonstances ?

2. Que pourrait-il se passer dans le pire des cas ? Et alors ?

❸ Quels seraient les bénéfices ?

❹ Qu'allez-vous faire ?

Commentaire

Trop de personnes sont dépendantes du regard des autres et se sentent obligées d'adopter un comportement spécifique de peur d'être rejetées. Ce faisant, elles renient leur être profond et finissent par se perdre dans des désirs, projets, demandes qui ne sont pas les leurs.

Apprendre à se détacher du regard et des attentes des autres permet d'être vraiment soi-même, alors que jouer un rôle dans la vie des autres nous empêche de jouer notre propre rôle dans notre propre vie.

Le risque de ne plus plaire est souvent moindre par rapport aux bénéfices : plus d'authenticité, d'intégrité, de respect, d'estime de soi... Êtes-vous prêt à en payer le prix ?

Exercice 14 : Soudainement vous pouvez revenir en arrière

« Quand on ne peut revenir en arrière, on ne doit se préoccuper que de la meilleure façon d'aller de l'avant. »

Paulo Coelho

Prendre la responsabilité de ses choix c'est s'engager et en assumer les conséquences. Mais imaginez que vous puissiez effacer l'ardoise et recommencer alors...

Répondez aux questions suivantes.

1. Listez les raisons pour lesquelles vous avez mis un terme à une relation (affective, amicale, professionnelle...) ou les raisons pour lesquelles elle s'est terminée.

....

....

....

....

....

....

❷ Imaginez que vous puissiez revenir en arrière, et revisiter certaines relations. Que changeriez-vous ?

....

....

....

....

....

....

❸ Il n'est certes pas possible de revenir en arrière, mais il est toujours possible d'aller de l'avant... Que pouvez-vous faire pour panser une « relation blessée » ou nourrir une « relation carencée » ?

....

....

....

....

....

....

Commentaire

Une relation s'entretient comme un jardinier entretient son jardin : c'est un travail au quotidien qui consiste à « arroser les fleurs, pas les mauvaises herbes[1] ».

Il est important de repérer quelle est notre stratégie de « sabotage relationnel », c'est-à-dire la raison récurrente pour laquelle nos relations se terminent. Peut-être s'agit-il là d'un « scénario relationnel[2] » (processus inconscient de validation de croyances identitaires limitantes) ? Dans ce cas, un travail thérapeutique sera nécessaire pour éviter de répéter les mêmes erreurs à chaque nouvelle relation. Les systémiciens disent dans ce cas : « Plus ça change, plus c'est la même chose. »

Il n'est jamais trop tard pour tendre la main, s'excuser, faire amende honorable, pardonner, ouvrir son cœur… ni pour dire « je suis désolé, pardon, merci, je t'aime[3] ».

★ Exercice 15 : Soi et les autres

« L'enfer, c'est les autres. »

Jean-Paul Sartre

1 Peacock, F., *Arrosez les fleurs, pas les mauvaises herbes !*, Montréal, Éditions de l'Homme, 1999.

2 Lire à ce sujet : R. Sternberg, *Les Scénarios de l'amour*, Paris, Les Arènes, 2011 ; Vaillant, M. et Carquain, S., *La Répétition amoureuse*, Paris, Albin Michel, 2010.

3 Voir Martin, V. S., *50 exercices d'Ho'oponopono*, Paris, Eyrolles, 2012.

Comment êtes-vous face à la vie et aux autres ? Vous définissez vous comme quelqu'un de bon (OK+) ou de mauvais (OK –) ? Et percevez-vous le monde comme dangereux (OK –) ou comme sûr et enrichissant (OK+) ?

Mettez une croix à l'intersection des cases qui correspondent à votre perception de vous et des autres.

	« Les autres » sont OK–	**« Les autres » sont OK+**
« Je » suis OK+		
« Je » suis OK–		

Légende du tableau

Je suis OK+ / les autres sont OK+ : je pense être quelqu'un de bien, de bon et les autres ou le monde qui m'entoure est bien, bon, favorable...

Je suis OK+ / les autres sont OK – : je pense être quelqu'un de bien, de bon et les autres ou le monde qui m'entoure est mauvais, dangereux, nuisible...

Je suis OK –/ les autres sont OK+ : je pense être quelqu'un de mauvais, de pas bien, de pas bon et les autres ou le monde qui m'entoure est bon, favorable, aidant...

Je suis OK –/ les autres sont OK – : je pense être quelqu'un de mauvais, pas bien, de pas bon et les autres ou le monde qui m'entoure est mauvais, dangereux, nuisible...

Quelles conséquences cette perception du monde et de vous-même a-t-elle sur vos relations et sur vos choix de vie ?

....

....

....

....

....

....

Commentaire

Les quatre cadrans du tableau font référence aux « positions de vie[1] » de l'analyse transactionnelle[2] qui correspondent à différentes façons d'être au monde.

Chaque position de vie engendre une attitude, un comportement social et des émotions caractéristiques.

	« Les autres » sont OK–	« Les autres » sont OK+
« Je » suis OK+	Supériorité/attaque Aller contre Colère	Coopération/négociation Aller vers Joie
« Je » suis OK–	Tristesse Aller seul Passivité/Fuite	Peur Aller loin Infériorité/Soumission

1 Voir Stewart, I. et Joines, V., *Manuel d'analyse transactionnelle*, Paris, InterÉditions, 1991.

2 Théorie de la personnalité inventée par le Dr Éric Berne.

Parmi ces positions de vie, la position « Je suis OK+ / les autres sont OK+ » est une bonne base de cheminement et de relation dans la vie. Les autres sont des positions névrotiques, reflétant une mauvaise estime de soi, qu'il convient de faire évoluer.

★ Exercice 16 : Carte des conflits de loyauté

« La loyauté, c'est aussi d'être fidèle à soi-même. »

Germain Véronneau

À qui vais-je être fidèle aujourd'hui ? Quelles sont les relations dans lesquelles je me limite en parole ou dans les faits afin de tenter de préserver ou de protéger l'autre ?

Répondez aux questions suivantes.

1. Listez les personnes avec lesquelles vous avez des difficultés relationnelles :

....

....

....

....

....

....

....

....

❷ Listez parmi celles-ci celles avec lesquelles vous avez des difficultés pour vous positionner (vous affirmer, être vous-même) par peur ou pour protéger l'autre :

....

....

....

....

....

....

❸ Mais que pourrait-il se passer si vous vous positionnez ?

....

....

....

....

....

....

❹ Que pourrait-il se passer si vous continuez à ne pas vous positionner ?

....

....

....

....

....

....

Commentaire

Souvent, lorsque l'on ne sait pas comment se comporter dans une relation (lorsque l'on ne sait pas quoi faire ni comment), c'est que l'on se positionne mal face à l'autre (on adopte une mauvaise posture, attitude, ou manière d'être). Il faut alors s'interroger : « Suis-je authentique ? », « Est-ce que je me respecte moi et mes valeurs ? », « Suis-je congruent (est-ce que ce que je dis ou ce que je fais est en accord avec ce que je pense au fond de moi) ? »

C'est souvent la peur pour soi ou pour l'autre qui nous empêche d'être soi. Par exemple, dans le contexte d'un divorce, un enfant sera pris dans le piège d'un conflit de loyauté si on lui demande de choisir l'un de ses parents.

Nous pouvons améliorer notre positionnement et donc la relation à autrui grâce à « l'honnêteté radicale[1] » qui consiste à dire ce que l'on pense et à faire preuve en toutes circonstances de sincérité d'abord envers soi et ensuite envers l'autre.

Cette difficulté à se positionner résulte de nos blessures narcissiques mais peut aussi révéler le masque de notre ego que nous cherchons à protéger.

---

1 Blanton, B., *L'Honnêteté radicale : comment transformer sa vie en disant la vérité*, Saint-Zénon (Québec), Louise Courteau éd., 2009.

★ Exercice 17 : Le mauvais stress

« En période de stress, les femmes parlent sans réfléchir. Les hommes, eux, agissent sans réfléchir. »

Allan Pease, *Pourquoi les hommes n'écoutent jamais rien et les femmes ne savent pas lire les cartes routières*, 1999

Le stress est un processus d'adaptation ; il est source de progression, ou au contraire vécu limitant. Quelles sont vos stratégies pour vous adapter au changement et gérer votre stress ?

Remplissez le tableau ci-dessous, puis répondez aux questions, afin d'identifier les situations de mauvais stress et vos façons d'y faire face.

1. Remplissez le tableau ci-dessous.

Descriptif de la situation	Descriptif du vécu émotionnel et des symptômes	Comportements et façons de faire	Autres comportements que je pourrais envisager

2. Qu'avez-vous appris sur vous et votre histoire en faisant cet exercice ?

....

....

....

....

....

❸ Quels seraient les indicateurs d'un changement dans votre façon de vous y prendre ?

....

....

....

....

....

❹ Quel premier engagement allez-vous prendre et quel premier petit pas allez-vous faire ?

....

....

....

....

....

Commentaire

Le mauvais stress a des incidences physiologiques et installe une tension interne qui génère parfois fatigue, épuisement ou maladies psychologiques et physiques. Le bon stress quant à lui est source de stimulation pour la conception et la réalisation de projets.

Le stress est un processus adaptatif. L'erreur consiste à vouloir éviter le changement pour résorber le stress alors qu'il s'agit d'apprendre à devenir plus flexible et plus intelligent émotionnellement : « [...] le changement n'est pas seulement nécessaire à la vie, il est la vie. Et, par conséquent, vivre c'est s'adapter[1]. »

★ Exercice 18 : Déjouer un symptôme

« L'un des symptômes d'une proche dépression nerveuse est de croire que le travail que l'on fait est terriblement important. »

Bertrand Russell

Ce que l'on nomme symptôme est la manifestation d'un problème. Plutôt que de le considérer uniquement comme une gêne, déchiffrons-y de nouvelles informations sur soi.

Répondez aux questions suivantes.

1. Pensez à une difficulté que vous rencontrez actuellement. Comment se manifeste-t-elle ? Qui se plaint de quoi, à qui ?

....

....

1. Toffler, A., *Le Choc du futur*, Paris, Denoël, 1971.

....
....
....

2. Pourquoi vouloir changer maintenant ?

....
....
....
....
....

3. Qu'attendez-vous de spécifique de ce changement ?

....
....
....
....
....
....

4. Qu'arriverait-il s'il n'y avait plus le symptôme ? Quelle est sa fonction ?

....
....
....
....

....

....

❺ Quelles autres façons de s'y prendre permettraient de respecter l'intention positive et la fonction du symptôme ?

....

....

....

....

....

Commentaire

Les systémiciens ne souscrivent pas au principe qu'un symptôme est comme un arbre qui cache la forêt et qu'il faut chercher ailleurs le « vrai problème ». En revanche, ils partagent l'idée qu'un symptôme est un langage, non pas à interpréter de manière symbolique ou causale, mais le révélateur d'un besoin insatisfait ou l'expression de conflits internes.

C'est pourquoi, les symptômes détiennent une fonction positive (nous protéger, nous aider...) même s'ils entrainent souffrance psychologique ou physique. C'est en ce sens que l'on entend « le problème, c'est la solution ».

---

1 Watzlawick, P., Weakland, J. et Fisch, R., *Changements : paradoxes et psychothérapie*, Paris, Le Seuil, 1975.

BON VOYONS VOIR... JE SUIS PLUTÔT CURIEUX ET AUDACIEUX...
...BIEN QUE PARFOIS UN PEU TROP AVENTUREUX
TU OUBLIES, UN TANTINET TÊTU AUSSI PARFOIS!
ROOOHH... MAIS FICHE LUI LA PAIX ENFIN!

CHAPITRE 3

EXPLORER SA RELATION À SOI-MÊME

« Il y a quelque chose de plus grand pourtant que d'appartenir au monde, c'est de s'appartenir à soi-même. »

Victor Hugo

L'approche systémique permet de se décentrer de soi pour mieux prendre en compte la relation que l'on entretient avec les autres et l'environnement.

Cette relation nous éclaire finalement sur qui nous sommes, car nous menons le type de relations que nous construisons : les relations que j'entretiens avec les autres sont à l'image de la relation que j'entretiens avec moi-même. Si, par exemple, je me plains de ne pas être respecté par les autres, il faut que je me demande si je me respecte moi-même. Dit autrement, les autres nous traitent comme nous leur montrons que nous voulons être traités. Bien sûr, ce processus est largement inconscient.

★ Exercice 19 : Les moments clés de votre vie

« Le moment c'est maintenant et maintenant c'est le moment. »

Tsunetomo Yamamoto, *Hagakuré : Le livre secret des samouraïs*, 1984

Il est des instants, gravés à tout jamais dans notre mémoire, qui ne cessent de nous influencer et de nous enrichir.

Réfléchissez aux moments clés de votre vie, puis répondez aux questions.

❶ Inscrivez ces moments clés sur la ligne ci-dessous, en précisant le lieu et la date entre parenthèses.

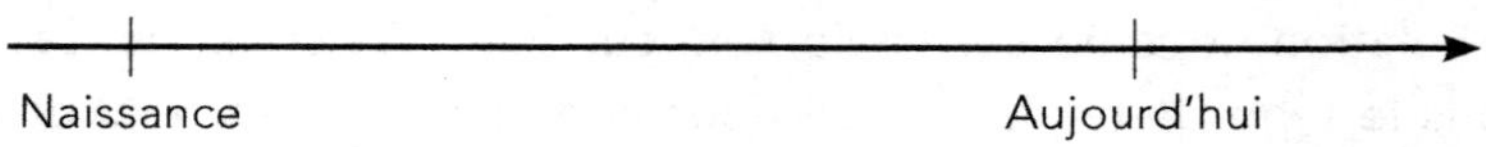

❷ Observez votre graphique : que vous apparaît-il ?

❸ Quels sont les principaux apprentissages et les principales forces et ressources qui se dégagent ?

....

....

....

....

....

....

Commentaire

Il est des moments qui fondent notre vie, et ils se comptent souvent sur les doigts d'une main. Ces moments brefs et parfois imprévus nous marquent par leur richesse, par les changements qu'ils ont apportés, ou par les chemins qu'ils ont ouverts. Clés, car si nous ne les avions pas vécus nous ne serions pas aujourd'hui là où nous en sommes ; ils sont les piliers et les organisateurs de nos choix, de nos comportements et souvent de nos engagements.

★ Exercice 20 : Qualités et défauts

« Nos défauts devraient nous donner une qualité : l'indulgence pour les défauts des autres. »

Antoine de Rivarol

Nos qualités et nos défauts colorent notre personnalité et garantissent notre singularité. Et les vôtres, quels sont-ils ?

Pour remplir cette grille d'autoévaluation, notez aussi spontanément que possible vos réponses dans les cases ci-dessous. N'hésitez pas à être sincère et à vous appuyer sur ce que vous savez de vous !

	Principales qualités	Principaux défauts
1		
2		
3		
4		
5		
6		
7		
8		
9		
10		

❶ Quels sont les principaux avantages de ces qualités ?

....

....

....

....

....

....
....

❷ Quelles sont les principales conséquences de ces défauts ?

....
....
....
....
....
....
....

❸ Quelles sont les ressemblances entre vous et certains membres de votre famille (partenaire, parents, enfants…) ?

....
....
....
....
....
....
....

Commentaire 

Les qualités et les défauts constituent les points clés de notre personnalité. Ils caractérisent notre façon d'être au monde et colorent nos comportements, affectent nos décisions, déterminent les relations que nous entretenons avec autrui. Les zones d'ombre et de lumière s'entrelacent et constituent ce qu'il y a de plus singulier et d'intime. Qualités et défauts sont aussi et surtout les témoins des interactions que nous avons tissées dans notre enfance. Mais aussi les stratégies protectrices que nous avons construites et transformées au cours de notre vie. Pourquoi ne pas les regarder alors avec encore plus de douceur ?

★ Exercice 21 : Valeurs et croyances de vie

« La vie c'est comme une bicyclette : il faut sans cesse avancer, sans s'arrêter, pour ne pas perdre l'équilibre. »

Albert Einstein

Ce qui est important pour nous (nos valeurs) et ce que nous croyons à propos de la vie, des autres et de nous-mêmes (nos croyances) déterminent la qualité de notre vie.

Complétez les phrases suivantes sans réfléchir. Notez ce qui vous vient spontanément à l'esprit.

1. Pour moi, ce qui est important dans la vie c'est...

....

....

....

....

....

....

❷ Je serais prêt(e) à mourir pour…

....

....

....

....

....

....

❸ La vie c'est…

....

....

....

....

....

....

❹ Nous sommes sur Terre pour…

....

....

....

....

....

....

❺ Les autres sont là pour...

....

....

....

....

....

....

❻ Le bonheur est réservé à ceux qui...

....

....

....

....

....

....

Commentaire

Nos valeurs représentent ce qui est important pour nous : nous y puisons notre motivation. Nos croyances révèlent nos convictions profondes sur la vie, les autres et nous-mêmes, et nous renvoient à nos limitations.

Il est donc primordial de prendre conscience de nos valeurs et de vérifier que nos comportements sont en accord avec elles car, dans le cas contraire, nous pourrions souffrir de dissonance cognitive. De même, nous devons réévaluer nos croyances afin qu'elles soient aidantes et non limitantes pour nous accompagner sur notre chemin de vie.

Les valeurs correspondent donc à l'accélérateur et les croyances au frein : pour avancer, nous devons nous appuyer sur nos valeurs et lâcher les croyances inutiles.

★ Exercice 22 : Les bonnes marraines

« La vie est un conte de fées qui perd ses pouvoirs magiques lorsque nous grandissons. »

Robert Lalonde, *Le Diable en personne*, 1989

Les contes de fées nous révèlent qu'il existe des marraines et des enchanteurs qui, lorsque l'enfant paraît, s'approchent du berceau et en secret lui délivrent quelques qualités singulières et messages personnalisés.

Cherchez qui sont vos bonnes marraines et vos enchanteurs, et réfléchissez à ce qu'ils vous ont offert, puis répondez aux questions suivantes.

❶ Remplissez le tableau ci-dessous.

Nom des marraines, fées et enchanteurs	Qualités et messages appris	Points communs Héritages aidants

❷ Quels actes, cadeaux ou rituels pourriez-vous réaliser pour les remercier ?

....

....

....

....

....

....

Commentaire 

L'enfant se construit en s'identifiant aux personnes qui l'entourent. Il va grandir en imitant leurs comportements et en incorporant leurs messages. S'il s'agit de personnes bienveillantes, de « bonnes marraines », l'enfant va grandir en confiance et autonomie. Dans le cas contraire (« mauvaises marraines »), les modèles et messages qu'il enregistre seront toxiques et le limiteront dans son évolution (mauvaise estime de soi, croyances limitantes, comportements inadaptés…).

Comme des tatouages inscrits sur notre peau, ces messages marquent nos choix, nos émotions et nos comportements et nécessitent parfois que l'on s'en défasse pour avancer dans la vie avec plus de liberté et d'ampleur.

★ Exercice 23 : Les mauvaises marraines

« Nous tenons de notre famille aussi bien les idées dont nous vivons que la maladie dont nous mourrons. »

Marcel Proust

Parfois la « main sur le berceau » n'est pas bienveillante et ce dont nous héritons nous dessert alors.

Cherchez qui sont vos mauvaises marraines et vos sorciers, puis répondez aux questions ci-dessous.

❶ Remplissez le tableau suivant.

…/…

Nom des mauvaises marraines et sorciers	Défauts et messages appris	Points communs Héritages limitants

Nom des mauvaises marraines et sorciers	Défauts et messages appris	Points communs Héritages limitants

…/…

❷ Quels sont les engagements que vous pouvez prendre avec vous-même pour vous libérer de ces héritages limitants (rituels, actions, décisions…) ?

……………………………………………………………………………

……………………………………………………………………………

……………………………………………………………………………

……………………………………………………………………………

……………………………………………………………………………

Commentaire

Voir le commentaire de l'exercice précédent.

Il est possible de faire le bénéfice d'inventaire de cet héritage : prendre seulement ce qui est bon (provenant des « bonnes marraines ») et rejeter ce qui ne l'est pas (provenant des « mauvaises marraines »).

Vérifiez que vous êtes également une « bonne marraine » pour vous-même et faites taire le critique intérieur. Si vous écoutez attentivement vous serez surpris de reconnaître la voix de vos « mauvaises marraines » s'exprimant à travers votre critique intérieur.

★ Exercice 24 : Action/réaction/réponses

« Si vous voulez vraiment connaître un homme, regardez ses réactions quand il perd de l'argent. »

Proverbe anglais

La vie de tous les jours nous confronte à des situations parfois difficiles à traverser. Comment faites-vous face aux situations difficiles ?

Remplissez le tableau suivant, puis répondez aux questions.

1. Listez les situations difficiles que vous rencontrez et notez en face différentes possibilités qui s'offrent à vous pour y répondre et réagir (le silence, la colère, le refus, l'action immédiate, la discussion, la gestion négociée...).

Situations difficiles	Vos réponses/réactions

❷ Que pouvez-vous faire pour répondre davantage de manière réfléchie et être moins dans la réaction ?

....

....

....

....

....

Commentaire

Trop souvent nous réagissons aux sollicitations de la vie plutôt que d'y répondre. Ceci provient de notre faible capacité d'adaptation et se traduit par du stress.

Les réactions inadaptées se manifestent par de la critique, des explosions émotionnelles, des menaces, des tentatives d'humiliation, des comportements agressifs. Nous connaissons tous des « situations gâchettes[1] » qui réactivent nos schémas cognitifs. En langage populaire on dit « c'est plus fort que moi » pour décrire le phénomène.

Les réponses adaptées passent par l'écoute active, la métacommunication (communiquer sur la relation), la négociation à partir d'une attitude ouverte et bienveillante.

Le meilleur moyen de répondre plutôt que de réagir à une situation est de prendre un temps de recul car la première réaction à chaud risque d'être provoquée par la peur.

1. Expression de Young, J. E. et Klosko, J. S., *Je réinvente ma vie, Montréal,* Éd. de l'Homme, 1995.

Exercice 25 : Communication inconsciente

« La croissance de la personnalité se fait à partir de l'inconscient. »

Carl Gustav Jung

Nous sommes constitués de plusieurs « parts » qui possèdent leur dynamique propre. Parfois, ces parts sont en conflit, cela se manifeste par de l'ambivalence (« d'un côté, j'aimerais… mais d'un autre côté, j'ai aussi envie de… ») ou un état de dissonance cognitive (tension résultant de plusieurs cognitions incompatibles). Cet exercice permet de « dialoguer » avec ces différentes facettes qui restent pour la plupart non conscientes.

Répondez aux questions suivantes.

❸ Recopiez la phrase suivante à l'aide de votre MD (main droite dominante pour un droitier et main gauche dominante pour un gaucher) :

(MD) « Bonjour, comment t'appelles-tu ? »

....

....

❶ Répondez, maintenant à l'aide de votre main non dominante (MND) (main gauche pour un droitier et main droite pour un gaucher) :

(MND) « Je m'appelle <votre prénom>. »

....

....

❷ Maintenant, nous allons entamer un dialogue entre votre esprit conscient (main dominante) et votre esprit inconscient (main non dominante). Vous allez observer que votre main droite ignore ce que fait votre main gauche et inversement, et qu'elles ont beaucoup de choses à se dire.

À chaque fois recopiez la question de votre main dominante (MD) avant d'écrire la réponse de votre main non dominante (MND).

(MD) « Comment vas-tu ? »

....

(MND)

....

(MD) « Pourquoi te sens-tu comme ça ? »

....

(MND)

....

(MD) « Que puis-je faire pour toi ? »

....

(MND)

....

(MD) « Qu'aimerais-tu me dire encore ? »

....

(MND)

....

(MD) « Merci ».

Commentaire

Ce dialogue intérieur permet de libérer les tensions, d'harmoniser et de pacifier les différentes parts de notre personnalité.

Pendant l'exercice, il est nécessaire de garder une position neutre dépourvue de tout jugement. Gardez présent à l'esprit que chaque part possède sa raison d'être et poursuit une intention positive – même si cela se traduit par un comportement inadapté ou n'est pas perceptible au premier abord.

★ Exercice 26 : Apprendre à se faire du bien

« Ne pas se faire de bien, c'est une manière de se faire du mal. »

Lisa Carducci, *Nouvelles en couleurs*, 1985

Si nous ne savons pas nous faire du bien nous-même, qui peut le faire ?

Répondez aux questions suivantes.

1. Que faites-vous pour vous faire du bien, pour vous récompenser, vous détendre, etc. ?

....

....

....

....

....

....

❷ Ces comportements sont-ils écologiques (c'est-à-dire qu'ils vous font vraiment du bien) ou sont-ils en réalité nocifs (fumer, boire...) ?

....

....

....

....

....

....

❸ Comment pourriez-vous vous faire davantage de bien de manière saine (sport, détente, loisirs) et moins de manière nocive (fumer, boire, café, sucreries...) ?

....

....

....

....

....

....

Commentaire

C'est parce que nous manquons d'estime de soi que nous avons du mal à nous faire du bien, comme si nous ne le méritions pas. Et moins nous nous faisons du bien, moins nous pensons en être dignes. C'est le cercle vicieux.

Nous devons nous répéter que « nous le valons bien » et « entrer en amitié avec nous-mêmes[1] ».

★ Exercice 27 : Propriété privée

« Croire que tout est privé et tout garder pour soi finit par tuer une relation. »

Proverbe africain

Nous classons bien souvent ce qui nous environne à partir d'un qualificatif d'appartenance. Alors les objets se répartissent entre partage et possession.

Répondez aux questions suivantes.

1. Quels sont les objets et les espaces qui sont frappés du sceau de l'intime et qui ne peuvent en aucun cas être partagés par d'autres ?

Exemple : e-mail, salle de bain, sac, portefeuille, chambre, placard, voiture…

1 Chödrön, P., *Entrer en amitié avec soi-même*, Paris, La Table ronde, 1997.

....

....

....

....

....

❷ Y a-t-il, pour vous, des espaces ou objets possédant une fonction (conflit, partage, plaisir, etc.) ?

Exemple : la cuisine peut avoir une fonction de corvée ou de communication, la télé peut symboliser la détente ou la fuite, la chambre à coucher le sommeil ou l'intimité, etc.

....

....

....

....

....

....

Commentaire

Nous n'avons pas tous le même sens de la propriété privée et de l'intimité.

En ce qui concerne « l'avoir », certains sont très possessifs et n'aiment pas partager, d'autres ont peur qu'on leur détériore leurs biens, tandis que d'autres encore partagent volontiers et ne sont pas attachés à ce qu'ils possèdent.

En ce qui concerne « l'être », certaines personnes se sentent envahies lorsque l'on pénètre dans ce qu'elles estiment être leur espace intime, il peut s'agir d'un espace physique (chambre, sac...) ou psychologique (vie privée).

Il nous faut trouver la bonne distance avec l'autre[1] afin de ne pas être intrusif ni se laisser envahir, et apprendre à se détacher de ses biens pour pouvoir partager plus facilement.

★ Exercice 28 : Un souhait

« On en vient à aimer son désir et non plus l'objet de son désir. »

Friedrich Nietzsche

Pourquoi attend-on que quelqu'un éternue pour lui dire « à tes souhaits ! » ?

Pensez à un objectif que vous souhaitez atteindre, définissez-le précisément (quoi, quand, où, avec qui...), puis répondez aux questions suivantes.

1. Notez vos réponses (« Je souhaite... ») sur une moitié de feuille, que vous plierez ensuite et mettrez dans votre poche gauche.

1 Deshays, C., *Trouver la bonne distance avec l'autre*, Paris, InterÉditions, 2010.

Je souhaite _______ (date) ______ (avec) ______ (endroit) ______

❷ Pensez maintenant à ce qui vous indiquerait que vous avez atteint cet objectif. Écrivez ces mots sur l'autre moitié de feuille que vous plierez et mettrez dans votre poche droite.

Je verrai .... J'entendrai .... Je sentirai ....

❸ Gardez ces papiers sur vous dans la journée. Le soir mettez-les sur votre table de nuit et dès le lendemain matin remettez-les dans vos poches correspondantes. Observez alors ce qu'il se passe et laissez-vous surprendre.

Commentaire

Formuler un souhait puis le transformer en objectif est le premier pas vers sa réalisation. Ce travail de formulation active le processus créateur de la pensée et génère les stratégies pour permettre sa réalisation.

Pour cela, il est nécessaire de passer par une représentation sensorielle de l'objectif atteint, de fixer une date, et d'être précis quant au résultat.

IMMANQUABLE !
ON EST BIEN LÀ, TOUS ENSEMBLE !
QU'EST-CE QUE VOUS DITES ?
HEIN AMOUR ?
HEU... BEN OUI !

CHAPITRE 4

EXPLORER SA RELATION À LA FAMILLE

« Famille, je vous hais ! »

André Gide

La famille est le terrain de jeu de l'analyse systémique car nous sommes modelés par nos interactions familiales. Par ailleurs, l'approche systémique constitue le socle théorique de la thérapie brève familiale.

Même lorsque l'on considère un individu seul, celui-ci est porteur, à l'intérieur de lui-même, de son système familial, qui le définit et oriente sa représentation du monde ainsi que ses comportements. Ce qui va intéresser le systémicien, ce ne sont pas tant les interactions que l'individu a entretenues par le passé, principalement avec ses parents, mais plutôt le type d'interactions qu'il continue d'entretenir aujourd'hui avec eux, soit dans la réalité, soit dans sa psyché. Voilà pourquoi se questionner sur la relation à sa famille est un moyen de se distancier de notre héritage et de compléter notre individuation, c'est-à-dire notre autonomie par rapport à notre système familial.

★ Exercice 29 : Le panier du Chaperon rouge

« Une seule orange pourrit tout un panier. »

Moses Isegawa, *Chroniques abyssiniennes*, 2000

Chacun d'entre nous est façonné par les bons messages qu'il a pu recevoir au cours de son histoire. Quels sont ceux qui vous fondent et vous nourrissent ?

Dans le panier ci-dessous notez les compliments, les belles paroles, les messages forts que vous avez reçus et indiquez entre parenthèses le prénom de celui ou de celle qui vous les a délivrés.

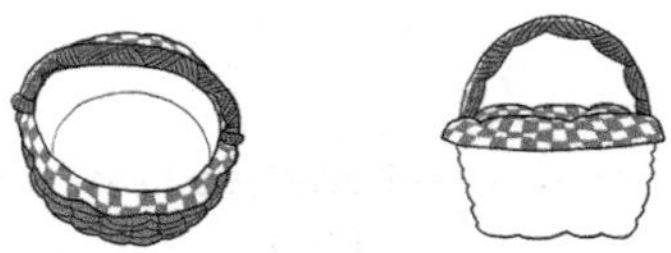

Commentaire

Le regard que l'on porte sur soi, la confiance que l'on a en la vie et la force que nous mettons à entreprendre et à mener à leur terme certains projets dépendent en grande partie des marques de valorisation (compliments, encouragements, validations, beaux messages...) que nous avons reçues depuis notre enfance dans les domaines familial, professionnel, social ou amical. Ces messages nous nourrissent au quotidien et nous conduisent à porter un regard coloré sur la vie.

Il y a aussi tous ces doux messages que nous pouvons nous adresser qui contribueront également à nous accompagner vers de nouveaux possibles. Et si vous vous disiez aujourd'hui quelque chose de beau que vous pensez à votre sujet, ça serait quoi ?

★ Exercice 30 : Je te remercie d'être comme tu es

« Soyons reconnaissants aux personnes qui nous donnent du bonheur ; elles sont les charmants jardiniers par qui nos âmes sont fleuries. »

Marcel Proust

Le bonheur provient de moments heureux que nous partageons avec nos proches. Nous pouvons les remercier de ce qu'ils nous donnent mais aussi simplement d'être ce qu'ils sont.

Complétez le tableau en notant ce que les autres vous apportent et dont vous leur êtes reconnaissant.

... /...

Personnes	Objet de gratitude
Exemple : Stéphane	Source de bonne humeur

Personnes	Objet de gratitude

... /...

Comment pouvez-vous les remercier ?

....

....

....

....

....

....

Commentaire

Si nous sommes le plus souvent capables de remarquer ce que les autres font pour nous et ce qu'ils nous donnent, nous négligeons ce qu'ils nous apportent. C'est lorsqu'ils sont absents que leurs qualités nous manquent : « Un repas de famille sans l'oncle Charles, c'est moins drôle », « Depuis que Paul a divorcé, il est taciturne, l'ancien Paul nous manque », « Françoise n'a pas son pareil pour mettre tout le monde d'accord, dommage qu'elle ne soit pas là », etc.

Et vous ? Qu'apportez-vous aux autres ? De la joie et de la bonne humeur ou de la plainte et de la critique ?

★ Exercice 31 : Le panorama familial

« Chacun est prisonnier de sa famille, de son milieu, de son métier, de son temps. »

Jean d'Ormesson, *Voyez comme on danse*, 2001

Chacun transporte dans sa tête une représentation de sa famille. Nous vous proposons de la dessiner.

Représentez ci-dessous par des petits dessins et des symboles (formes, couleurs, traits, etc.) votre situation familiale actuelle (ascendants et descendants). Soyez libre de prendre la page dans le sens que vous préférez !

Décrivez maintenant ce que vous observez, puis donnez un titre à ce dessin.

....

....

....

....

....

....

....

Qu'auriez-vous envie de faire, de proposer ou de changer à partir d'aujourd'hui ?

....

Commentaire

Les liens et les interactions que nous tissons avec les membres plus ou moins proches de notre famille contribuent à l'installation et au maintien en nous des sentiments de bien-être, de sécurité, de référence, de filiation, d'autovalidation, de confiance en soi…

Le « panorama familial » offre une représentation imagée et rapide de la qualité des liens que nous établissons avec ces personnes et de l'impact qu'ils ont dans notre vie actuelle. Chacun y occupe une place particulière et l'ensemble forme une sorte de « constellation[1] » riche d'enseignements.

Chacun possède, en effet, une « psychogéographie familiale », c'est-à-dire une représentation interne spatiale des liens unissant chaque membre de sa famille. Cet exercice permet de la conscientiser.

---

1 Voir Hellinger, B. et Hövel, G. T., *Constellations familiales*, Barret-sur-Méouge, Le Souffle d'or, 2001.

★ Exercice 32 : Le génogramme familial

« On ne peut donner que deux choses à nos enfants : des racines et des ailes. »

Proverbe juif

L'homme descend du singe et le singe… de l'arbre, ce que nous confirme notre arbre généalogique.

Prenez une feuille de papier et des stylos ou crayons de couleur.

❶ À l'aide des symboles suivants (H = Homme, F = Femme…) dessinez votre génogramme[1] (représentation de votre arbre généalogique sur trois générations) puis indiquez les événements et relations entre les membres (décès, adoptions, maladies, divorces…) :

H	F	Homme	Femme
~~H~~	~~F~~	Homme	Femme décédé(e)
└────┘		Relation de couple	
└─//─┘		Séparation, divorce	
↓		Filiation	
-/\/\/-		Rélation conflictuelle	

1 Voir Allais, J., *La psychogénéalogie*, Paris, Eyrolles, 2011.

❷ Qu'observez-vous ? (schémas répétitifs, alliances, maladies, conflits, séparations...)

....

....

....

....

....

❸ Que pourriez-vous faire pour que cela change ?

....

....

....

....

....

Commentaire

Dessiner son génogramme permet de cartographier les liens privilégiés entre les membres de sa famille et de prendre conscience de certains schémas répétitifs et autres loyautés. C'est une étape préalable à un travail personnel ou thérapeutique permettant de se libérer des liens qui nous contraignent.

Dans le cadre d'une approche systémique, le génogramme ne donnera pas lieu à une interprétation, ni à une analyse. Un systémicien considère, en effet, que la description d'un phénomène est sa meilleure explication.

Il ne s'agit pas non plus d'une démarche historique ou d'investigation, c'est pourquoi le génogramme se fera de mémoire et seulement sur trois générations ascendantes (grands-parents inclus).

★ Exercice 33 : La galerie des portraits intimes

« Et ça représente quoi ? – Cela représente un million. »

Pablo Picasso

La façon de voir ceux qui nous entourent conditionne notre façon de communiquer avec eux.

Choisissez quatre personnes parmi celles qui vous sont chères (parents, enfants, amis...) et munissez-vous de crayons de couleur.

❶ Dessinez une personne dans chaque cadre en n'omettant aucun détail ni accessoire caractéristique.

❷ Pour chaque personne dessinée, indiquez : les qualités, les défauts, les traits principaux de caractère, les attitudes qui vous plaisent et celles qui vous déplaisent, les valeurs essentielles, le meilleur souvenir partagé.

❸ Qu'est-ce que cet exercice vous a appris sur vous et votre histoire ?

....

....

Commentaire

Notre représentation du monde conditionne notre manière d'être au monde. De la même façon, l'image que nous nous faisons de nos proches va faciliter ou limiter notre capacité à créer une relation vivante avec eux.

Cet exercice a pour but de vous interroger sur la manière dont vous vous représentez les personnes qui comptent, afin d'ajuster de façon plus dynamique la vision que vous avez d'elles.

★ Exercice 34 : À chacun ses souvenirs

« Dans une famille on a beau avoir vécu les mêmes choses, on n'a pas les mêmes souvenirs. »

Marie Darrieussecq

Les événements que nous traversons et conservons en mémoire marquent nos décisions et nos comportements à venir.

Choisissez avec un proche un souvenir commun, puis répondez aux questions suivantes.

❶ Remplissez à tour de rôle le tableau ci-dessous, en cachant les réponses de l'autre.

	Votre souvenir	Souvenir d'un proche
Titre de l'événement Exemple : Noël 2011	Exemple : retrouvailles	Exemple : Noël à la neige
Résumé	Exemple : cela faisait cinq ans que toute la famille n'avait pas été réunie pour Noël. Tout le monde était content de se retrouver et de passer les fêtes de Noël tous ensemble dans un grand chalet loué pour l'occasion.	Exemple : c'est la première fois que les enfants ont pu faire du ski à Noël. Ils étaient très excités et très bruyants.
Anecdote liée au souvenir	Exemple : la bûche de Noël était ratée	Exemple : entorse d'Antonin
Vécu	Exemple : joyeux	Exemple : fatigant
Le souvenir en trois mots	Exemple : joie, famille, amour	Exemple : enfants, corvées, bruit
Évaluation/10	Exemple : 09/10	Exemple : 05/10

❷ Discutez ensuite de ces différences : que vous apprennent-elles ?

....

....

....

Commentaire

Chacun perçoit un événement en fonction de sa carte du monde, c'est-à-dire à partir de ses expériences de vie, de ses croyances, de ses valeurs, de ses filtres, etc. Par ailleurs, les scientifiques considèrent que la mémoire est davantage un processus de reconstruction a posteriori que de véritable restitution. Il est donc important de vérifier que nous parlons bien de la même chose lorsque nous évoquons un souvenir commun.

★ Exercice 35 : C'est tabou !

« Enlevez l'excitation du tabou... et tout retombe. »

Annette Lévy-Willard,
***Chroniques de la guerre du sexe en Amérique*, 2005**

Certaines paroles ont le don de mettre tout le monde d'accord (« À table ! » par exemple) tandis que d'autres sujets provoquent régulièrement des disputes dans certaines familles.

Répondez aux questions suivantes.

1. Listez les thèmes qui ne peuvent être abordés lors des réunions de famille (racisme, politique, argent, sexe…) sous peine que la discussion dégénère.

2. Êtes-vous à l'aise, vous-même, pour aborder ces sujets ? Comment vous comportez-vous face à eux ?

3. Quel est votre seuil de tolérance face à la discussion de certains sujets (homosexualité, racisme, exclusion, délinquance, sexisme, opinions politiques, choix religieux, fanatisme, peine de mort, sexualité, place de l'argent, etc.)

....

....

....

Commentaire 

Ce qui n'est pas dit est aussi important que ce qui est dit, c'est pourquoi les sujets de discussions interdits (les « sujets tabous ») trahissent certaines croyances et valeurs familiales.

Ces sujets tabous nous construisent par leur absence de débat. Par exemple, si la sexualité est un sujet tabou dans ma famille, je risque de ne pas être à l'aise avec ma propre sexualité ou de penser que c'est sale.

★ Exercice 36 : Les points de repère

« Nous façonnons d'abord nos habitudes, puis nos habitudes nous façonnent. »

John Dryden

Chaque famille – comme toute entreprise – possède ses propres règles, coutumes, habitudes, valeurs, culture… qui la caractérisent et qui constituent le ciment de ses membres.

Listez les événements incontournables, les anniversaires, les fêtes ainsi que les règles de famille

(horaires de repas, place de la télé, rapport à l'hygiène, heure de coucher, les sujets à éviter...)

... /...

Événements incontournables	Exemples : grande braderie de Lille, Salon du livre, Noël...
Fêtes	Exemples : Fête des mères, des grands-mères, du travail...
Anniversaires	Exemples : Julie (15 mai), François (3 janvier), Stéphanie (4 septembre)...
Horaires	Exemples : lever/coucher (7 h 30 – 23 heures), repas (13 heures et 21 heures)...
Places attitrées	Exemples : à table (dos à l'évier), devant la télé (à gauche sur le canapé)...
Sujets à éviter	Exemples : la politique, la sexualité, la drogue...
Règles	Exemples : politesse (svp, merci), hygiène (douche quotidienne, se laver les mains avant chaque repas...), courtoisie (ponctualité)...

... /...

Commentaire

Une famille se construit autour de règles de vie communes qui ont valeur de règlement intérieur et de différents rituels qui permettent de structurer le temps.

La manière de gérer le temps et les règles de vie offre des points de repère propres à fédérer le groupe familial : « Chez les Dupont, on mange à 12 heures pile depuis toujours. »

★ Exercice 37 : « Autopsy » de votre couple

« Il est plus facile d'aimer les gens que de vivre avec eux. L'amour c'est du rêve ; la vie à deux c'est du travail ! »

Barbet Schroeder, *Le Mystère Von Bülow*, 1990

Il n'est pas nécessaire d'attendre que cela aille mal pour évaluer votre relation de couple. Pourquoi ne pas le faire maintenant ?

Remplissez la roue ci-dessous, puis répondez aux questions.

❶ Pour chaque rubrique, évaluez sur une échelle de 0 (centre) à 10 (périphérie) votre perception actuelle de votre couple, puis coloriez les cases afin de voir le diagramme apparaître.

Remarque : sentez-vous libre d'adapter le diagramme aux domaines importants pour vous.

Exemple :

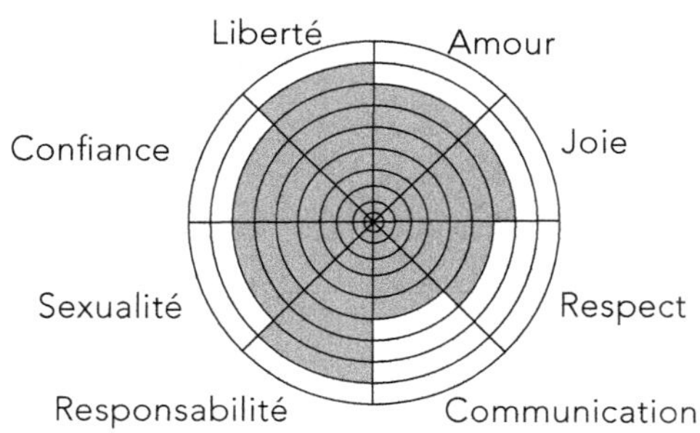

Votre roue :

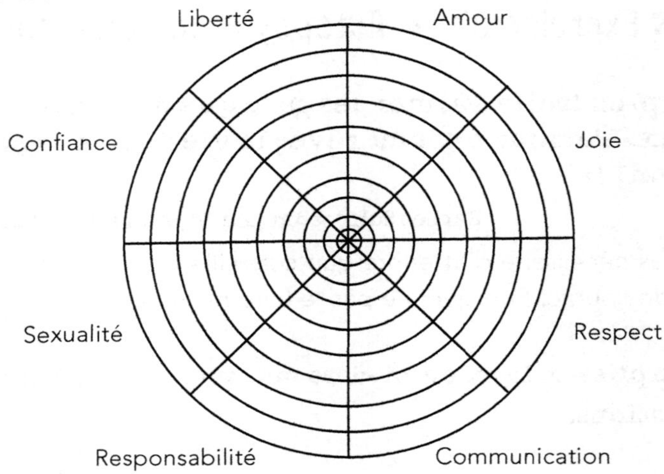

❷ Décrivez ce que vous observez sur votre roue.

....

....

....

....

....

....

❸ Quelles sont les pistes de changement au sein de votre couple que vous souhaitez vous proposer, ceci afin de permettre à votre vécu de gagner un point supplémentaire ?

Que souhaitez-vous garder ?	Que voulez-vous changer ?

Commentaire

Le vécu et la qualité relationnelle de notre couple dépendent en grande partie de l'évaluation que nous faisons de celui-ci suivant quelques items essentiels et différents pour chacun.

Ne visez pas des changements radicaux car ils recèlent leur propre résistance. Visez plutôt des petits changements, des « petits pas » selon la méthode Kaizen[1].

1 Kaizen est un mot d'origine japonaise qui signifie « amélioration continue ». Cette méthode prône la recherche de progrès réguliers par la mise en place de processus d'améliorations constants. Voir Maurer, R., *Un petit pas peut changer votre vie : la voie du Kaizen*, Paris, Anne Carrière, 2006.

C'EST UN NOUVEAU POTE ?
APPAREMMENT !
INTIME
AMIS
PROFESSIONNEL

CHAPITRE 5

EXPLORER SA RELATION AU MONDE

« Il est très facile de se perdre dans le monde profane ou d'oublier notre connexion à l'esprit. Et pourtant, sans ce lien, nous ne sommes que des morts vivants. »

Proverbe africain

C'est notre relation au monde, et à ce qui se trouve au-delà de nous (au transpersonnel) qui donne un sens à notre vie. Les hommes ont toujours été en quête de quelque chose qui les transcende. Ce processus, que l'on retrouve dans les mythes ancestraux, s'apparente à une succession d'épreuves initiatiques permettant au héros de se surpasser et de grandir.

Force est de constater que nous sommes aussi en quête de bonheur avec une tendance à refuser le plus souvent de traverser les épreuves initiatiques de la vie. De plus, si recherche de dépassement il y a, elle se situe le plus souvent au plan matériel plutôt que spirituel (vers l'extérieur plutôt que vers l'intérieur).

Cette quête de sens peut prendre différents aspects : développement personnel, spiritualité, religion, philosophie, recherche de sa « voie » ou de « sa mission ».

Vous allez pouvoir explorer dans cette section votre relation au monde dans son ensemble, afin de trouver votre place dans l'univers et de donner peut-être davantage de sens à votre vie.

★ Exercice 38 : La métaphore de nos relations

**« Les métaphores sont dangereuses.
L'amour commence par une métaphore. »**

Milan Kundera, *L'Insoutenable légèreté de l'être*, 1984

Nous avons souvent recours à un langage métaphorique pour décrire nos expériences de vie. Qu'en est-il de nos relations ?

Complétez le tableau ci-dessous.

Relation	Description métaphorique de notre relation	Explication
Exemple : Françoise	Boulier chinois	Nous comptabilisons ce que nous faisons l'un pour l'autre pour ne pas être en dette ou en perte

Comment allez-vous tenir compte du message de chacune des métaphores pour améliorer chaque relation ?

Exemple : je vais m'efforcer de cesser de tenir cette comptabilité psychologique avec Françoise et être davantage dans le don de moi-même.

....

....

....

....

....

....

Commentaire

Une relation constitue un être vivant disposant d'une personnalité particulière, différente de celle de ses membres et des autres relations que nous entretenons.

Nous pouvons attribuer des qualités humaines à chacune de nos relations, en disant par exemple qu'avec Françoise nous avons une relation « distante », « fusionnelle », « exaltée »… Nous pouvons aussi comparer notre relation à un objet, un animal, un symbole, un élément… afin de la décrire métaphoriquement. Nous disons parfois que « la relation avec Pascale ressemble à un champ de mines car elle est très soupe au lait ». Cette description peut nous aider à mieux comprendre la situation et à trouver des solutions analogiques. Que feriez-vous si vous étiez dans un champ de mines ? Rester immobile n'est pas la solution. Vous pouvez au contraire avancer doucement et désamorcer les bombes avec amour. Vous pouvez également amener votre partenaire sur un autre terrain, totalement déminé. Bref, la métaphore du problème porte aussi le germe de la solution.

★ Exercice 39 : Mini 360 degrés

« Le monde est aveugle. Rares sont ceux qui voient. »

Bouddha

Non seulement nous manquons de discernement sur les autres et le monde – sinon nous ne serions jamais déçus, n'est-ce pas ? – mais aussi parfois sur nous-mêmes.

Demandez à cinq personnes de votre entourage de répondre franchement aux deux premières questions, puis répondez aux deux questions suivantes.

❶ Ce que j'apprécie le plus chez toi, c'est…

Exemple : ce que j'apprécie le plus chez toi, c'est ta disponibilité.

....

....

....

....

....

....

❷ Ce que j'apprécie le moins, c'est…

Exemple : ce que j'apprécie le moins, c'est ton manque de ponctualité.

....

....

....

....

....

....

....

❸ Qu'avez-vous appris sur vous-même ?

....

....

....

....

....

....

....

❹ Comment allez-vous tenir compte de ces points de vue pour renforcer vos points forts et améliorer vos points faibles ?

....

....

....

Commentaire

Il existe une pratique managériale (le 360 degrés) qui consiste à demander à plusieurs personnes (supérieur hiérarchique, subordonnés, collègues, clients et fournisseurs) d'évaluer le comportement et l'attitude d'un individu. En effet, nous ne pouvons progresser sur nos « points aveugles » c'est-à-dire ce qui échappe à notre conscience sans l'aide des autres.

Deux psychologues américains, Joseph Luft et Harry Ingham, ont donné leurs prénoms à un modèle appelé « fenêtre de Johari ». Il s'agit d'un « modèle de révélation/feedback de la conscience de soi-même » qui comporte quatre cadrans :

1. Arène (zone connue) : ce que je connais de moi et qui est connu des autres ;

2. Point aveugle (zone aveugle) : ce qui m'est inconnu mais que les autres connaissent ;

3. Façade (zone cachée) : ce qui est connu seulement de moi ;

4. Inconnu (zone inconnue) : ce qui est inconnu de moi et des autres.

L'exercice vise à augmenter sa zone connue en diminuant la zone aveugle.

★ Exercice 40 : Les signes de reconnaissance

« Agis avec gentillesse, mais n'attends pas de la reconnaissance. »

Confucius

Les signes de reconnaissances sont les différents signes de validation que nous recevons d'autrui et qui nous soutiennent dans notre vie personnelle et professionnelle.

Répondez aux questions suivantes.

❶ Listez les signes de reconnaissance dans le domaine professionnel qui vous touchent le plus.

....

....

....

....

....

❷ Quels sont ceux qui augmentent votre estime de soi, qui vous conduisent à agir, etc. ?

Distinguez :

les signes positifs (compliments, encouragements) :

....

....

....

les signes négatifs (critiques, désapprobation) :

....

....

les signes conditionnels (que vous obtenez en fonction de ce que vous faites) :

....

....

les signes inconditionnels (que vous obtenez quoi que vous fassiez) :

....

....

les signes verbaux (encouragements, reproches…) :

....

....

les signes non verbaux (regard désapprobateur, sourcils froncés, sourire…).

....

....

❸ Comment faites-vous pour les demander, les accepter, les refuser, en offrir ou vous en donner à vous-même ?

....

....

....

....

....

....

Commentaire

Les signes de reconnaissance sont utiles à la construction psychique des enfants : ils les nourrissent. Plus tard, nous pouvons développer une dépendance à l'égard de ces signes, quand nous sommes incapables de nous en donner à nous-mêmes ou d'en demander aux autres.

La plupart des gens ont manqué de signes de reconnaissance inconditionnels positifs, c'est pourquoi leur estime de soi est instable et dépend du regard des autres.

★ Exercice 41: Rencontrer ses mentors

« Autrui joue toujours dans la vie de l'individu le rôle d'un modèle, d'un objet, d'un associé ou d'un adversaire. »

Sigmund Freud

Dis-moi qui tu admires et je te dirai qui tu es…

Imaginez que, tandis que vous êtes en train de vous reposer dans un endroit paisible, en pleine nature, trois personnages s'approchent de vous. Il s'agit de vos mentors, c'est-à-dire des personnes (vivantes, décédées, fictives, mythologiques…) que vous admirez secrètement.

❶ De qui s'agit-il ?

……………………………………………………………

....

....

....

....

....

❷ Quelles sont les qualités que vous admirez chez eux ?

....

....

....

....

....

....

❸ En quoi leurs exemples vous inspirent-ils ?

....

....

....

....

....

....

❹ Quelles peurs réveillent-ils chez vous ?

....

....

....

....

....

....

5. Qu'auriez-vous envie d'apprendre d'eux ?

....

....

....

....

....

....

6. Quelles questions leur poseriez-vous ?

....

....

....

....

....

....

7. Quel impact cette rencontre aurait-elle sur votre vie ?

....

....

....

....

....

....

....

8. En quoi cette rencontre pourrait-elle vous aider dans votre vie présente ?

....

....

....

....

....

....

....

....

9. Quels conseils vous donneraient-ils ?

....

....

....

....

....

....

....

....

Commentaire 

Nous admirons tous ouvertement ou en secret certaines personnes ou personnages pour leurs qualités. Ce que nous admirons chez eux représente le plus souvent la projection de notre part d'« ombre lumineuse[1] », c'est-à-dire l'ensemble des qualités que nous possédons en partie mais que nous refusons de reconnaître en nous et donc que nous avons du mal à développer. Cette « ombre lumineuse » provient d'une mésestime de soi issue de notre éducation : nous ne nous trouvons pas assez bien pour nous reconnaître telle ou telle qualité ou trait de caractère, alors nous l'admirons chez autrui.

Nous pouvons nous réapproprier notre part d'ombre et développer en nous les qualités que nous admirons en autrui.

Il nous est possible également de « contacter » en imagination nos mentors pour leur demander des conseils ou de nous inspirer dans des moments difficiles.

★ Exercice 42 : Les espaces, limites et territoires

« La jeunesse veut l'espace ; la vieillesse, le temps. »

Jean Nohain

Notre vie quotidienne est marquée par le croisement d'espaces variés (personnel, professionnel, intime, social) dans lesquels nous évoluons

1. Ford, D., *La Part d'ombre du chercheur de lumière*, Chambray-lès-Tours, Éditions Le Roseau, 2003.

avec des personnes différentes. Certaines d'entre elles peuvent passer d'un espace à un autre alors que d'autres sont limitées dans un espace spécifique.

Inscrivez dans les cercles le prénom des personnes pouvant occuper les différents territoires ci-après.

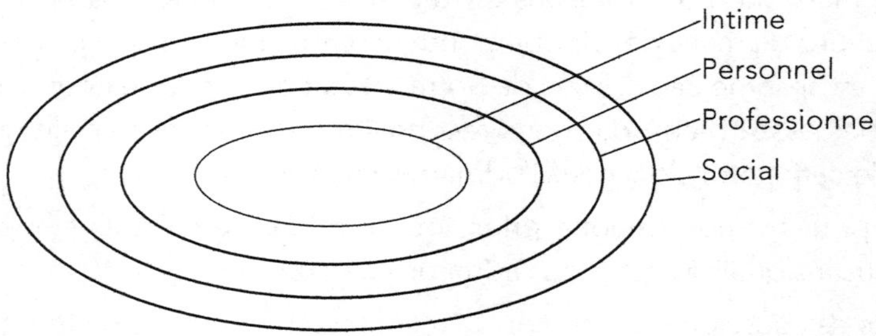

Quels sont les critères d'appartenance à chaque cercle (filiation, fréquence des rencontres, type d'activité partagée, âge, valeurs partagées…) ?

Exemples : dans la sphère intime, parents, enfant et quelques vieux amis avec qui les joies et les tristesses se partagent complètement ; dans la sphère personnelle, amis avec qui je partage des activités de loisir…

Social :

....

....

Professionnel :

....

....

Personnel :

....

....

Intime :

....

....

Commentaire

Les différents espaces dans lesquels nous évoluons sont marqués par des règles, des façons de se comporter, des interdits spécifiques... Tout le monde n'est pas autorisé à rentrer chaque espace ou alors sous certaines conditions et critères. Le repérage de ceux-ci permet bien souvent de comprendre les tensions ou conflits qui peuvent naître au détour de l'installation ou du développement de certaines relations.

★ Exercice 43 : Le chemin de la mission

« Nous sommes des nains assis sur des épaules de géants. Si nous voyons plus de choses et plus lointaines qu'eux, ce n'est pas à cause de la perspicacité de notre vue, ni de notre grandeur, c'est parce que nous sommes élevés par eux. »

Jean de Salisbury, *Metalogicon*, 1159

Quelles sont les personnes qui vous ont aidé à grandir, vos tuteurs de résilience, les personnes ressources, les rencontres fortuites, les leçons de vie qui vous ont été offertes, les guides et modèles qui vous ont inspiré, ces géants sur les épaules desquels vous vous êtes hissé ?

Positionnez vos géants sur votre ligne de vie en notant en quelques mots leur contribution et indiquez en quoi ils ont contribué ou contribuent encore à la réalisation de votre mission de vie.

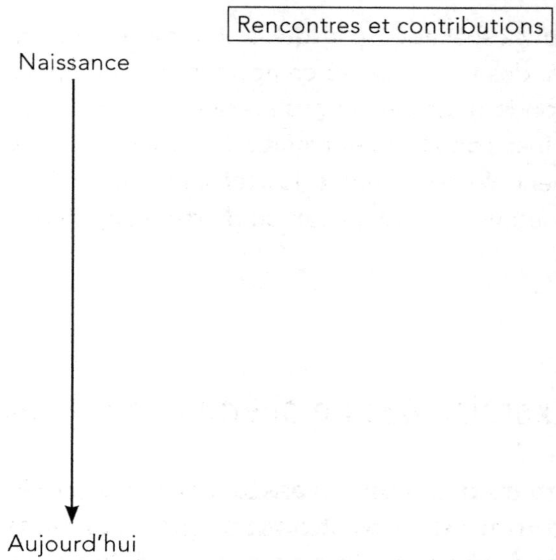

Commentaire

Sur le chemin de notre destinée, nous effectuons des rencontres, certaines semblent nous écarter de notre mission, d'autres nous offrir des raccourcis.

Nous devons être reconnaissants envers nos prédécesseurs, nos lectures et les rencontres que nous avons effectuées car ils ont contribué à nous inspirer.

« Il faut tout un village pour élever un enfant » disent les Africains, nous pourrions dire qu'il faut tout un monde pour élever un homme.

★ Exercice 44 : Interconnexion

« Les hommes doivent, partout dans le monde, reconnaître leur appartenance au genre humain, avec l'ensemble des droits et des devoirs qui découlent de cette idée. »

Mikhaïl Gorbatchev

Nous sommes tous interreliés, pour le meilleur et pour le pire…

Répondez aux questions suivantes.

1. Listez les différentes manières dont vous vous sentez relié, connecté, aux autres à travers le monde.

....

....

❷ Listez tout ce que vous partagez avec tout être humain, quels que soient sa race, sa religion, sa culture, sa nationalité, son âge ou son sexe.

Commentaire

Les conflits, les guerres proviennent d'un esprit de séparation fondé sur les différences, tandis que la paix et l'harmonie proviennent d'un esprit de rapprochement fondé sur les similitudes. C'est parce que nous sommes aveuglés par les différences avec les autres que naissent la peur et l'incompréhension.

Cet exercice est une invitation à voir notre prochain quel qu'il soit comme quelqu'un avec qui nous avons beaucoup en commun, à commencer par l'appartenance au genre humain. C'est un bon point de départ pour ouvrir son cœur et ressentir de la compassion.

En outre, cet exercice nous montre que, quel que soit notre sentiment de séparation et d'indépendance, nous sommes en réalité interconnectés et interdépendants. La théorie des « six degrés de séparation » nous explique que nous sommes beaucoup plus proches des autres que nous le croyons : selon cette théorie, il n'y aurait pas plus de six intermédiaires entre nous et n'importe quel habitant de la Terre.

★ Exercice 45 : Le répertoire des relations professionnelles

« Il est impossible de bien gérer son temps si on ne peut dire à ses collègues ce qu'on a sur le cœur. »

Scott Adams, *Le Principe de Dilbert*, 1997

Le répertoire des relations professionnelles offre une classification rapide de la qualité des liens que nous établissons avec d'autres acteurs (supérieurs hiérarchiques, collègues de travail plus ou moins proches…) de notre cadre de travail et de l'impact qu'ils ont dans notre vie actuelle.

Listez les prénoms des collègues et relations professionnelles puis laissez venir sans réfléchir les trois adjectifs qui caractérisent le mieux le lien qui vous relie à eux. Enfin, classez ces mêmes personnes dans la catégorie « personnes ressources » ou « personnes limitantes » en fonction de votre vécu relationnel.

Prénoms	Adjectifs

Personnes ressources	Personnes limitantes

Décrivez maintenant ce que vous observez :

....

....

....

....

....

....

Quelles sont les pistes de changement que vous pouvez suivre ?

....

....

....

....

....

....

Commentaire

Nous choisissons rarement nos collègues de travail et pourtant c'est avec eux que nous passons la plus grande partie de notre temps. Les relations professionnelles peuvent devenir le terrain de jeux névrotiques qui nous tirent vers le bas. Observez ce que vous ressentez après avoir eu une interaction avec un collègue. Si vous vous sentez moins bien (fatigué, stressé, culpabilisé, inquiet, énervé...), il s'agit probablement d'une personne limitante avec laquelle il conviendra de réduire au minimum vos interactions. Peut-être s'agit-il de quelqu'un de pervers qui cherche à vous manipuler ou un adepte du harcèlement : vous devrez alors vous protéger et vous faire aider. Peut-être s'agit-il tout simplement de quelqu'un de stressé qui est limité en termes d'intelligence émotionnelle et qui a tendance à faire supporter aux autres la conséquence de ses débordements émotionnels. Dans ce cas, vous pourrez améliorer votre relation en prenant en compte son stress.

Si au contraire, vous vous sentez mieux (joyeux, énergisé, confiant...), il s'agit probablement d'une personne-ressource sur qui vous pouvez compter.

Attention : les personnes limitantes peuvent aussi vous complimenter mais c'est pour mieux vous manipuler ; les personnes ressources n'attendent rien en retour et sont sincères.

Vérifiez également que vous ne projetez pas vos propres émotions sur la relation que vous entretenez avec vos collègues : c'est facile de trouver tout le monde agaçant lorsque l'on est énervé par exemple.

★ Exercice 46 : Changer de lunettes

« On a souvent tort par la façon que l'on a d'avoir raison. »

Madame Necker (Suzanne Curchod)

Avez-vous jamais songé que l'on a toujours raison de penser ce que l'on pense ? Et si c'est vrai pour vous, ça l'est aussi pour votre interlocuteur. Donc vous avez tous les deux raison... Comment est-ce possible ?

Réfléchissez à un différend qui vous oppose (ou vous a opposé) à quelqu'un, complétez le tableau suivant puis répondez aux questions.

Présentation de la situation difficile	
Mon point de vue	Point de vue de l'autre
Mes arguments	Arguments de l'autre
Cadre commun (Ce sur quoi vous êtes tous les deux d'accord, ce qui est important pour tous les deux)	

❶ Qu'avez-vous appris sur vous-même et sur l'autre (différences et points communs) ?

....
....
....
....
....
....

❷ En quoi ce qui vous agace chez l'autre serait l'occasion d'un changement bénéfique à réaliser chez vous ?

....
....
....
....
....
....

❸ Quels premiers engagements allez-vous prendre pour que la situation change ?

....

....

....

....

....

....

Commentaire

Les situations conflictuelles ou de blocage sont souvent dues à la difficulté pour les protagonistes d'envisager la situation qui les concerne selon différents points de vue. Coincés derrière une unique paire de lunette (la leur), ils ont tendance à voir le monde de cette façon unique et à considérer celui-ci comme le reflet de leurs certitudes. Savoir chausser différentes paires de lunettes – imaginer la situation du point de vue de l'autre – offre de nouvelles perspectives et ouvre souvent de nouvelles issues dans nos interactions au quotidien.

★ Exercice 47 : Le graphe relationnel

« Il y a une dimension spirituelle dans chaque relation. Lorsque deux personnes se réunissent, c'est que l'esprit le veut ainsi. »

Proverbe africain

Pas besoin de savoir dessiner pour dessiner – à moins de vouloir vivre de son art. Les enfants ne se posent pas de questions et ils font des dessins « atrocement beaux ».

Prenez une feuille et quelques stylos, feutres ou crayons de couleurs.

❶ En lien avec le thème de votre journée, dessinez votre environnement familial ou professionnel avec vous dedans. (Attention : il s'agit d'un dessin et pas d'un organigramme ou d'un génogramme).

❷ Donnez un titre métaphorique à votre dessin et inscrivez-le sur la feuille.

Exemples : le renouveau du printemps ; l'île des ressources ; l'espace des transformations…

❸ À partir de votre dessin, posez une question qui commence par « comment » et inscrivez-la sur la feuille.

❹ Contemplez votre dessin et laissez surgir la réponse à votre question de manière intuitive.

❺ Comment avez-vous vécu cet exercice ?

....

....

....

....

....

....

❻ Que vous a-t-il apporté ?

....

....

....

....

....

....

Commentaire

Nous avons l'habitude de chercher les réponses de manière logique et rationnelle. Cet exercice vous propose de procéder autrement : de manière créative, métaphorique et intuitive.

Les problèmes relationnels sont complexes (et non compliqués) car ils intègrent de nombreux éléments contextuels et interactionnels. C'est pourquoi nous sommes souvent dans une impasse et ce que le bon sens nous dicte ne fait qu'entretenir le problème. Par conséquent, nous devons procéder autrement et faire appel à notre « cerveau droit[1] » dont le fonctionnement est plus analogique, créatif et intuitif.

1 Watzlawick, P., *Le Langage du changement*, Seuil, 1980.

★ Exercice 48 : Il n'y a pas de problèmes, il n'y a que des solutions

« Un problème sans solution est un problème mal posé. »

Albert Einstein

La plupart des problèmes humains sont de nature relationnelle, qu'il s'agisse de relation à soi, à l'autre ou au monde.

Voici un questionnaire stratégique de construction de solution. Prenez de quoi noter, choisissez une situation relationnelle sur laquelle vous souhaitez travailler puis répondez aux questions suivantes.

❶ Quelle est cette situation ?

....

....

❷ Remettez-vous mentalement dans celle-ci (revoyez-la, ressentez-la à nouveau, écoutez les sons…)

❸ Décrivez-la spontanément : quoi ? qui ? où ? quand ?..

....

....

❹ Quelles étaient les conséquences et les enjeux ?

....

....

....

❺ Avec la distance, réagiriez-vous de la même façon ? Que modifieriez-vous ?

....

....

....

❻ Imaginez maintenant quelle sera/pourra être une autre façon d'aborder ce type de situation ?

....

....

....

❼ Quels seront alors les effets et les conséquences de votre nouvelle réaction ?

....

....

....

❽ Quels choix et quels engagements allez-vous prendre ?

....

....

....

Commentaire 

Nous nous construisons une carte mentale du monde, une représentation interne de la réalité, de la même manière que nous utilisons des cartes géographiques, afin de nous repérer plus facilement et d'éviter de nous perdre. Le problème, c'est que nous oublions de mettre à jour nos cartes mentales et nous finissons par tourner en rond et nous égarer. C'est la même chose en ce qui concerne nos relations.

Aussi, au lieu de chercher à résoudre un problème relationnel, il est souvent plus efficace de chercher à construire la solution en chargeant nos représentations internes limitantes pour laisser surgir des solutions créatives.

★ Exercice 49 : La baguette magique

« Tout est magie, ou rien. »

Novalis

Si vous trouviez une baguette magique, qu'en feriez-vous ?

Installez-vous confortablement, prenez le temps d'imaginer la situation proposée ci-dessous et complétez ensuite l'exercice.

1. Imaginez que vous possédez une baguette magique à trois coups grâce à laquelle vous pouvez transformer autant d'événements, comportements, personnes... que

vous le souhaitez dans votre contexte familial ou professionnel, et tout cela sans rien faire. Que changeriez-vous ?

• ....

....

• ....

....

• ....

....

....

2. Que changeriez-vous pour vous ?

....

....

....

3. Comme il n'existe pas de baguette magique en tant que telle, que pouvez-vous faire pour faire évoluer les situations décrites ?

• ....

....

• ....

....

• ....

....

4. Et pour vous ?

....

....

....

Commentaire 

La mauvaise nouvelle, c'est qu'il n'y a pas de « baguette magique », la bonne nouvelle, c'est que vous êtes la « baguette magique ». Si vous voulez que quelque chose change autour de vous, vous avez deux options : attendre que le changement se produise ou le provoquer. Si vous optez pour la seconde possibilité, vous devez vous rappeler que vous ne pouvez pas agir « sur » les autres mais « avec » les autres. Cela veut dire que vous ne pouvez contraindre personne à changer, vous ne pouvez que les convaincre de coopérer avec vous et devez accepter leur possible refus.

Même si le changement dépend principalement d'une autre personne et qu'elle refuse, vous pouvez vous concentrer sur ce qui dépend de vous et agir. Si votre voisin est bruyant et refuse de modifier ses habitudes, vous avez toujours la possibilité de déménager.

★ Exercice 50 : Ça dépend de qui ?

« Mon Dieu, donnez-moi la sérénité d'accepter les choses que je ne puis changer, le courage de changer les choses que je peux, et la sagesse d'en connaître la différence. »

Prière de la sérénité utilisée par les Alcooliques anonymes

Nous passons beaucoup de temps à vouloir changer les autres ou à résoudre des problèmes qui ne nous concernent pas au lieu de chercher à résoudre nos propres difficultés.

Remplissez le tableau ci-dessous.

<table>
<tr><td colspan="2">Situation :
Exemple : mon enfant commence à fumer
Objectif :
Exemple : le convaincre d'arrêter</td></tr>
<tr><th>Ce qui dépend de moi</th><th>Ce qui ne dépend pas de moi</th></tr>
<tr><td>Exemple : écouter mon enfant, trouver des arguments, discuter avec lui, lui parler de mes inquiétudes…</td><td>Exemple : son comportement (si je lui interdis de fumer, je risque de renforcer le problème et de dégrader la relation).</td></tr>
<tr><td colspan="2">Ce que je vais faire :
Exemple : je vais chercher à l'écouter avant de chercher à le convaincre.</td></tr>
</table>

Commentaire

Il existe un bon moyen d'échouer : il suffit de se fixer un objectif qui n'est pas sous notre contrôle. Par exemple, si mon objectif est que mon enfant obtienne le baccalauréat avec mention, il y a fort à parier que l'issue de l'épreuve ne me satisfera pas.

Lorsque l'on fixe un objectif pour un tiers, on nourrit des attentes de changements qui peuvent nous décevoir. Cela peut aussi nous pousser à harceler l'autre pour qu'il se conforme à nos attentes.

CONCLUSION

« Ce qui constitue une nation, ce n'est pas de parler la même langue, ou d'appartenir à un groupe ethnographique commun, c'est d'avoir fait ensemble de grandes choses dans le passé et de vouloir en faire encore dans l'avenir. »

Ernest Renan

Nous voici maintenant à la fin de ce livre et vous avez pu réaliser un certain nombre d'exercices. Certains d'entre eux vous ont paru faciles, d'autres complexes et d'autres encore sont peut-être restés en suspens. Il vous est aujourd'hui possible de revenir sur ces différents exercices afin, dans le temps, de les compléter, de les modifier ou de partager vos questions avec ceux qui vous entourent, ou encore avec un professionnel qui pourra vous accompagner sur le chemin de votre développement de vie vers les transformations que vous continuerez d'accomplir. Le chemin peut parfois sembler long, ardu ou déroutant mais il reste l'occasion, au détour d'un virage ou d'une surprise de s'offrir de nouveaux possibles... N'hésitez pas à noter tous les changements qui se produisent car ils sont autant de petits pas pour continuer d'avancer sur votre route !

POUR ALLER PLUS LOIN…

Auger, L., *S'aider soi-même*, Montréal, Éd. de l'Homme, 1974.

Bandler, R. et Grinder, J., *Les Secrets de la communication*, Montréal, Le Jour éd., 2002.

Blanton, B., *L'Honnêteté radicale : comment transformer sa vie en disant la vérité,* Saint-Zénon (Québec), L. Courteau, 2009.

Byron, K., *Aimer ce qui est,* Outremont (Québec), Éd. Ariane, 2003.

Calatayud, C., *Accepter l'autre tel qu'il est*, Genève, Jouvence, 2004.

Chödrön, P., *Entrer en amitié avec soi-même*, Paris, La Table ronde, 1997.

Dalaï-lama et Cutler, H., *L'Art du bonheur*, Paris, J'ai Lu, 2008.

Finley, G., *Pensées pour lâcher prise*, Montréal, Éd. de l'Homme, 2004.

Ford, D., *Les Bonnes Questions*, Varennes (Québec), AdA, 2004.

Frankl, V., *Découvrir un sens à sa vie*, Montréal, Éd. de l'Homme, 2006.

Gendlin, E., *Focusing au centre de soi*, Paris, Pocket, 2010.

Ghazal, M., *Mange ta soupe et… tais-toi*, Paris, Le Seuil, 1992.

Gill, L., *Comment réussir à travailler avec presque tout le monde*, Paris, Retz, 2006.

Gordon, T., *Parents efficaces*, Paris, Marabout, 1996.

Hahusseau, S., *Comment ne pas se gâcher la vie*, Paris, Odile Jacob, 2003.

Kourilsky-Belliard, F., *Du désir au plaisir de changer*, Paris, Dunod, 2008.

Madanes, C., *Transformez vos relations !*, Québec, Le Dauphin blanc, 2010.

Martin, V. S., *Il n'y a pas de problèmes, il n'y a que des solutions*, Jouvence, 2012.

Maurer, R., *Un petit pas peut changer votre vie*, Paris, Anne Carrière, 2006.

Nardone, G., *Chevaucher son tigre*, Paris, Le Seuil, 2008.

Peacock, F., 2007, *Arrosez les fleurs, pas les mauvaises herbes !*, Montréal, Éd. de l'Homme, 1999.

Poletti, R. et Dobbs, B., *Accepter ce qui est*, Genève, Jouvence, 2005.
Poletti, R. et Dobbs, B., *Donner du sens à sa vie*, Genève, Jouvence, 2002.
Poletti, R. et Dobbs, B., *Lâcher prise*, Genève, Jouvence, 1998.
Poupard, G. et Martin, V. S., *Les Thérapies brèves*, Paris, Armand Colin, 2012.
Pradervand, P., *Plus jamais victime*, Genève, Jouvence, 2001.
Pradervand, P., *Vivre sa spiritualité au quotidien*, Genève, Jouvence, 2002.
Robbins, A., *Les Onze Lois de la réussite*, Paris, J'ai Lu, 2010.
Rosenberg, M., *La Communication non violente au quotidien*, Genève, Jouvence, 2003.
Rust, R., *Quand la girafe danse avec le chacal*, Genève, Jouvence, 2003.
Shoshanna, B., *Le Zen et l'art de tomber amoureux*, Paris, Pocket, 2006.
Suzuki, S., *Esprit zen, esprit neuf*, Paris, Le Seuil, 1977.
Tolle, E., *Le Pouvoir du moment présent*, J'ai Lu, 2010.
Watzlawick, P., *Faites vous-même votre malheur*, Paris, Le Seuil, 1984.

Sites Internet :

Présence & Thérapie : www.presence-therapie.com
Résonance & Synergie (G. Poupard) : www.poupard.fr

DANS LA MÊME COLLECTION

Philippe Auriol et Marie-Odile Vervisch,
- *50 exercices pour apprendre à s'engager.*
- *50 exercices pour s'affirmer.*
- *50 exercices pour changer de vie.*
- *50 exercices pour penser positif.*

Sophie et Laurence Benatar, *50 exercices de relooking.*

Laurence Benatar, *50 exercices de confiance en soi.*

France Brécard, *50 exercices pour savoir dire non.*

Christophe Carré,
- *50 exercices pour maîtriser l'art de la manipulation*
- *50 exercices pour résoudre les conflits sans violence.*

Catherine Cudicio, *50 exercices de PNL.*

Joëlle Cuvilliez, Martine Medjber-Leignel, *50 exercices de rire*

Hélène Dejean et Catherine Frugier, *50 exercices d'analyse transactionnelle.*

Émilie Devienne (sous la direction de), *50 exercices pour bien commencer l'année.*

Émilie Devienne, *50 exercices pour prendre la vie du bon côté.*

Gilles Diederichs,
- *50 exercices de spiritualité.*
- *50 exercices de zen.*
- *50 exercices de charisme.*

Laurie Hawkes, *50 exercices d'estime de soi.*

Bernadette Lamboy, *50 exercices pour être bien dans son corps.*

Laurence Levasseur,
- *50 exercices pour gérer son stress.*
- *50 exercices pour prendre la parole en public*
- *50 exercices pour profiter du moment présent.*

Virgile Stanislas Martin,
- *50 exercices pour pratiquer la Loi d'Attraction.*
- *50 exercices pour convaincre.*
- *50 exercices d'Ho'oponopono.*
- *50 exercices pour pratiquer les accords toltèques.*

Sophie Mauvillé et Patrick Daniels, *50 exercices pour décrypter les gestes.*

Mireille Meyer, *50 exercices d'autohypnose.*

Paul-Henri Pion, *50 exercices pour lâcher prise.*

Géraldyne Prévot-Gigant,
- *50 exercices pour développer son charisme.*
- *50 exercices pour apprendre à méditer.*
- *50 exercices pour sortir de la dépendance affective.*
- *50 exercices pour sortir du célibat.*

Jacques Regard,
- *50 exercices pour ne plus subir les autres.*
- *50 exercices pour ne plus tout remettre au lendemain.*
- *50 exercices pour retrouver le bonheur.*

Jean-Philippe Vidal, *50 exercices pour mieux communiquer avec les autres.*

Dans la même série :

Guillaume Clapeau, *50 exercices pour survivre aux réunions de famille.*

Émilie Devienne, *50 exercices pour rater sa thérapie.*

Philippe Noyac, *50 exercices pour terrasser ses ennemis.*

Tonnie Soprano et Billie Alto, *50 exercices pour éduquer son homme.*

pca
cmb
édition pré-presse
livres numériques

44400 Rezé

Imprimé par Laballery
Dépôt légal : août 2019
Numéro impression : 907600
Quatrième tirage 2019
Imprimé en France